材開発についても，国家，社会，企業も長期的な視野はなく，自らのアイデンティティーの確立も不明確のまま，とりあえず，身内感覚による無難な日本人同士で固めてやっていくことで対処しているのが現状である。そのために今後の多様化すると考えられる組織人材のマネジメントにおいても，後世に先送りをして自分たちの問題として真剣に捉えていないところがある。世界の有能な経営人材に対する活用に関してはまだ鎖国状態が続いていると言っても過言ではあるまい。

　ヨーロッパにおけるEUと北アメリカにおけるNAFTAの経済統合，アジアにおけるASEANを中心とする結びつきの強まりは，企業組織人材の部分にも大きな影響を与えて，多様性のあるマネジメントを避けられない状態になってきている。THTグループが提唱している多様性のマネジメントは，この問題を真剣に捉えてビジネスの諸活動においても真剣にこの問題に取り組む必要性を説いている。

　そのような時代の要請を先取りするために，THTグループは異文化ビジネスシリーズの第一弾として *Business Across Cultures*（異文化間のビジネス戦略）を日本語出版することになった。日本語における出版は他の言語より先駆けての出版であり，その内容はグローバルビジネス分野及び経営学分野においても極めて先見性のある示唆のある多くの提案がなされている。

　さらに，Trompenaars Hampden-Turnerグループは，日本の研究者，その分野の専門家グループと，グローバル人材開発研究で実績のある研究者で構成されるアメリカのThe Kozai Group Inc，エグゼクティブ・コーチングで実績のあるFischer Gaertner Internationalとの合弁で，グローバル組織人材開発研究のシンクタンク組織としてIGBネットワーク株式会社（グローバル組織人材開発研究所）を日本に新たに発足させた。　IGBネットワーク株式会社は，日本，オランダ，アメリカ，ドイツの4カ国合弁で形成された，欧米諸国と日本のみならず，広く中国，東南アジア諸国も含めてグローバルな組織人材開発のテーマに対して，研究と実効性のあるソリューションを提供できる組織である。IGBネッワーク社は日本におけるTHTグループの唯一の代表組織であり，筆者に加えてIGBネットワーク社の役員パートナーであるJames NiblockとTimothy Raboneも，THTグループの認定されたコンサルタントであり，多くの多国籍企業の研修，コンサルティングに携わっている。

　また本書の出版に当たり，㈱白桃書房の大矢栄一郎社長と関係者の方々に過大

なるご理解とご協力をいただき、日本語版の出版に至ったことに対して感謝の意を表明したい。また翻訳に当たり、財団法人日本国際協力センターの木下瑞穂さんには翻訳協力をして頂いた。大変なボリュームのある書籍の翻訳を無事完了できたのも、木下さんのご努力と貢献によるところが大きい。最後にIGBネットワークのスタッフの協力も大きいものがあったことを付記したい。

2005年8月

古屋紀人

アムステルダムにてDr. Fons Trompenaarsと

IGBネットワーク㈱［グローバル組織人材開発研究所］について

　グローバルビジネス経営に関わる各種コンサルティング業務を実施するために，2004年秋に設立された日本，オランダ，アメリカ，ドイツの４カ国合弁のシンクタンク組織である。この組織の戦略的パートナーは，日本におけるグローバルビジネス経営の専門家（古屋，ニブロック，レーボン，川村）とオランダの異文化マネジメントの専門組織Trompenaars Hampden Turnerグループ（Dr. Trompenaars, Dr. Hampden Turner, Dr. Woolliams），アメリカのグローバル組織人事研究の著名な学者グループのThe Kozai Group（Dr. Bird, Dr. Mendenhall, Dr. Oddou, Dr. Stevens），ドイツのエグゼクティブコーチングなどグローバルビジネスに関連するコンサルティングのFGI社（Dr. Fischer）で構成されている。日本国内のみならず，世界各地でグローバルビジネス経営に関わる研究開発，アセスメント開発，組織人事制度開発，グローバル人材開発，グローバルコンピテンシー開発，異文化間マネジメントに関わるコンサルティング，研修，コーチングなどを実施している。

IGBネットワーク㈱
〒151-0066　東京都渋谷区西原３―37―６
TEL　03-5790-3280　FAX　03-5790-3281
http://www.igbnetwork.com

IGB Network Strategic Partners

CONTENTS

Business Across Cultures（異文化間のビジネス戦略）出版に際して i
著者からのメッセージ ―日本語版刊行に当たって iii
監訳者のメッセージ iv　IGBネットワーク㈱について vii

序章

序章 1
- 認知する，尊敬する，そして折り合いをつける 5

第1章 文化的構築物としての組織 8
- 文脈を有する環境としての文化 13

第2章 意味を持つ組織―価値基準の紹介 18
- 文化的差異を認知する 18
- 文化的差異を尊重する 21
- 文化的差異に折り合いをつける（調和する） 22
- ジレンマの類型化 24
- 普遍主義と個別主義 26
- 他の変数間に見る普遍主義と個別主義 29
  - 価値観の違いによる相違 29
- 国際マネジメントにおける普遍主義と個別主義 31
  - 他の文化を無視する 32
  - 自らの文化的側面を放棄する 32
  - 妥協 32
  - 調和（折り合いをつける） 33
- 個人主義 対 共同体主義 40
- 宗教から見る個人主義と共同体主義 41
- 感情中立主義 対 感情表出主義 45

- ■ 仕事の役割による感情表出主義と感情中立主義 …………………47
  - 価値の差による多様性 ……………………………………………47
- ■ 感情中立主義の文化と感情表出主義の文化を調和させ，
  折り合いをつける ……………………………………………………48
- ■ 感情的になることは冷静になることである ………………………50

第3章 その他の価値基準 …………………………………………52

- ■ 関与特定主義と関与融合主義 ………………………………………52
- ■ 年齢層間の関与特定型と関与融合型文化 …………………………58
- ■ 関与特定型と関与融合型文化を調和させる ………………………59
- ■ 実績主義 対 属性主義 ………………………………………………61
- ■ 階級層に応じた実績主義と属性主義 ………………………………64
- ■ 実績主義と属性主義傾向の調和と折り合いのつけ方 ……………65
- ■ 時間傾向：順次時系列型 対 同時並行的時間文化 ………………67
- ■ 時間展望：短期間思考性 対 長期間思考性 ………………………68
- ■ 折り合いのつく調和に向けて ………………………………………70
- ■ 過去，現在，未来の傾向 ……………………………………………71
- ■ 順次時系列型傾向 対 同時並行型傾向 ……………………………74
- ■ 時間軸傾向差異の調和方法 …………………………………………79
- ■ 内的コントロール志向型と外的コントロール志向型 ……………81
- ■ 性差 ……………………………………………………………………84
- ■ 内的コントロールと外的コントロールとの折り合いをつける …86
- ■ これらの価値基準に関するあなた自身の傾向 ……………………86

第4章 企業文化 ……………………………………………………89

- ■ 企業文化を定義づける ………………………………………………90
- ■ 企業文化の役割 ………………………………………………………91
- ■ M&Aと戦略的アライアンスにおける企業文化 ……………………91

- 企業文化に根ざす主要な緊張······93
- 企業文化の究極の類型化······95
- 著者グループの企業組織文化アセスメントプロフィルによる企業文化分析······98
- 将来のあるべき姿······102
- 企業文化とビジネスの将来との関連······103
- 頻繁に発生するジレンマ······106
  - エッフェル塔型組織文化からの変容（変容①－③）······106
  - 誘導ミサイル型組織文化からの変容（変容④－⑥）······109
  - 孵化型組織文化からの変容（変容⑦－⑨）······111
  - 家族型組織文化からの変容（変容⑩－⑫）······113
  - 事例　現状の企業文化：誘導ミサイル型
    理想的な企業文化：家族型······115
  - 事例　現状の企業文化：誘導ミサイル型
    理想的な企業文化：家族型······119
  - 事例　現状の企業文化：誘導ミサイル型
    理想的な企業文化：孵化型······122
  - 事例　現状の企業文化：家族型
    理想的な企業文化：孵化型······128
  - 事例　現状の企業文化：孵化型
    理想的な企業文化：誘導ミサイル型······132

第5章 異文化間の変化と継続を管理する······135

- しかし，文化についてはどうであろうか······137
- 変化の方法論，理由，目的······139
- 企業変革の中で静的なビジネスだけの変化を追求することの無益さ······140
- 変化と継続は二律背反である······141
- 文化の原型間の変化······143
- 一般化されたフレームワーク······144

フランス人やイタリア人ついての次の説明はどうだろうか。

> フランス人やイタリア人が約束や納期をあまり気にしないのにはびっくりする。彼らは20分遅れてきても弁解すらしない。彼らは同時並行型の文化なので，同時にいくつかのことを平気ですることができる。一方，北西ヨーロッパの人間は順次時系列傾向が強い。同時にやるのではなく，1つ1つ処理する傾向があるのだ。

このようなコメントは，単線型モデルで文化を位置づけることによって予期せぬ結果として生じるものである。即ち，1970年代1980年代にはビジネス社会が積極的に科学的なデータ分析を求めたことから，定量的で徹底した統計分析が実施されて，このような考え方がより強化されることになった。当時はアングロサクソン型ビジネスモデルが全盛であったことから，文化間の差異を示して結果としてアングロサクソンモデルを適用することを示すことは，先進性のあることと考えられた。

この考え方からフランス人がマトリック組織に対応できない理由と，日本人がMBO（目標管理制度）を真剣に取り入れようとしないことをどのように説明できるのであろうか。例えばホフステッド（Hofstede）などは多くの著作の中で，このような考え方が，代替案を考え出す能力を阻害するばかりではなく，アングロアメリカのビジネス理論を理解させて発展させるのを強要してきたことを指摘して，文化は同一ではないということを述べている。しかしその主張もごくわずかに行われているにすぎないのである。ただし彼はこの分野における先駆者であり，決して非難すべきではない。むしろ，何の確認もせずに彼の業績を引用して，どちらが悪いのかをひたすら問い詰めている彼の追従者たちが問題なのである。あまりにも多くの研究や出版物が，文化的差異が存在し，その差異が標準化された仕事の実施に当たって影響を与えているという単線型思考に追従してきている。本書の著者グループは1990年代の半ば以後，これらの時代遅れの考え方の限界を超える別の論理を構築する必要性が高まっていることを認知してきている。

このThe Culture for Businessシリーズの著作の中で，著者グループはまず単純に文化的差異を認識する別の方法論を提供し，これらの差異を双方向から

理解できる方法論に発展させることにより，顧客や読者からの多くの要望に答えようとしている。本書ではビジネスにおけるいくつかの主要な分野のサマリーを掲載して，後日出版されるシリーズの著作の中で1つ1つ触れていこうと考えている。

著者グループは，さらに単線型の両極モデルの限界を克服した別のパラダイムで文化の差異を把握することのできる新しいツールを開発してきた。その新しいツールの論理は，対極にあるものが一組としてお互いに均衡が保たれないと何の価値も生まれないという相補性理論(Theory of Complimentarity)[訳注1]でかなりの部分を説明することができる。すなわち，赤や緑の交通信号は，交差点における交通そのものに交渉の余地を与えない。ただ単に制度的に，赤，黄色，緑のサイクルで決まった時間で変化するだけのことである。もし個人が社会から隔離されているならば，人々は自己中心的になる。もし社会が個人と接触しなければ，社会主義のようになる。自己中心と（自分自身から見た）社会主義のいずれも，長期的には機能しない可能性がある。

認知する，尊敬する，そして折り合いをつける

さて，小学校では「3つのR (Reading, Writing, Arithmetic—読み，書き，そろばん)」が求められてきたが，現在求められているのは，著者のいう「3つのR (Recognize, Respect, Reconcile—認識する，尊重する，調和する)」である。

この3つのRはまずそれぞれの文化の差異を認識して，その差異を尊重し，それから折り合いをつけることの必要性をベースにした我々の新しいアプローチの本質を示すものである。読者はまず，文化の差異を認識しなければならないことに気づく。少なくとも最初のモデルは文化の差異を認識させて，マネージャーが自民族中心主義にならないようにサポートしている。相補性理論を受け入れることは次へのステップの始まりであり，それは文化の差異をお互いに尊重することである。

著者グループの幅広い研究の実績結果が支持するように，あらゆる価値観は基本的には個々の人間の中に内在するものだが，一方で価値観が一連のジレンマとなって現れる。これらのジレンマはそれ自身，文化を超越したものである

反面，人々がそれらにアプローチして，解決していく方法は，文化の影響を受けて決定されることが多い。尊重は，人間自身の内面から始まる。すなわち，一旦自分自身の中に「日本人らしさ」の存在に気がつくと，暗黙的にそのことを意識させるのは自らの頭の中にある自分自身の本来の文化の存在によるケースが多い。この部分から，尊重が始まるのである。

著者（Trompenaars）は以下のように記述している。

> 私はガールフレンド（言うまでもなく現在の妻であるが）と恋に陥ったときのことを思い出す。ちょうど25年前，私たちが週末をロンドンで過ごしていた時のことである。ある日曜日の朝，彼女が前日に買った洋服を私に見せて，どう思うかと尋ねてきた。さらに彼女は私に喜んでもらおうとその洋服を買ったことをつけ加えた。それは，私にはひどい洋服に見えたが，私はその洋服を気に入ったと答えた。これはよくある話ではないか。私たちがお互いに愛し合っているときには，正直に「反対のことを述べる」のは，気が利いた「肯定の意味」になる。その時突然，私たちは日本人的な要素を少し持ち合わせていることに気づく。しかし，オランダでは，お互いに愛し合っている関係がある場合のみ，人間関係の深さが物質的な物に対する評価を超越することができるのである。

さらにもう1人の著者（Woolliams）も以下のように記述している。

> 代わりに，イギリス人はしばしば彼らが嫌悪感を表す際に，「面白い」と表現するであろう。

> 実際は，自分たちがしばしば自民族中心主義になっていると認識するのは難しいことだ。

> ある土曜日の午後，地元のスイミングプールへ子どもたちを連れて行こうとした男の話である。彼はまず，スイミングプールが開いているかどうかを確認しようと事務所に電話をした。先方が電話に出たとき，彼は電話の相手がスイミングプールの職員なのかどうかを確認した。そのとき先方は，「いや，それはあなたがここからどのくらい距離があるかということ次第でお答えしましょう」と答えてきた。

いったん，文化の差異を認識して，さらにその違いをお互いに尊重しあえる状態になると，「調和する」という第3段階に至る道筋ができ上がる。ビジネスやマネジメントの世界では，人間は難しいということを立証する必要があるのではなく，むしろ，今問題になっているのは，多様な文化が存在する環境下で仕事をする時に，ビジネスを効果的に実施するために，どのようにして文化の差異に対処することができるかということである。文化の差異に調和と折り合いをつけることがその答えとなる。

　本書でも今後の出版予定の同シリーズの著作においても，明示的にも暗示的にも，「認知」，「尊重」，「調和」の同じ3ステップの原則が貫かれている。シリーズ1冊目となる本書は，ビジネスの主要な専門分野にまたがった共通のモデルについて取り扱っているが，後で出版される同シリーズの他書は，それぞれの専門家のために，ケースや事例を取り入れながらより詳細に細部にまでわたってそれぞれの分野を網羅する内容になっている。

　まず，著者グループは文化がビジネスにどのように影響を与えるかを考察し，国民的および組織的視野からこれを検討する。次章からは，ここで示す一般的なモデルが，マーケティング，財務会計，人材マネジメントおよびリーダーシップの分野でどのように適用されうるかを示している。ここで議論する内容は，調和して折り合いのつく組織の新しいパラダイムが何であるかを結論づけることにあり，著者がここで議論する原理原則がリーダーの物の見方と様々な行動ばかりでなく，その組織構造の中にもしっかりと根付かせることを意味している。

　詳細情報については，このシリーズのWebsiteであるwww.cultureforbusiness.comに記載されている。

〈訳注〉
1) 相補性理論（Theory of Complementarity）：ニールス・ボーア（Niels Henrink David Bohr）が開発した理論。原子の世界では，物質の粒子と波は区別されるものではなく，どの面から見るかは状況次第である。精神と身体は区別されるものではなく，同一のリアリティーから発せられていると言える。

第1章
文化的構築物としての組織

　グローバルビジネスの将来を探究するために、まず過去に我々がどのように行動してきたかについて思い出してみる必要がある。19世紀後半および20世紀前半になされた学問的業績を見てみると、一般的な社会理論やある特定な組織理論は産業革命がもたらした発展について説明をしてきたのだということがはっきりと読みとれる。

　時代の試練に耐えてきた大理論の中には、大きな社会的発展を説明することを追求したデュルケーム（Durkheim）、テンニース（Tönnies）とウェーバー（Weber）の業績が含まれる。エミール・デュルケームは、分業の結果として、機械的連帯から組織的連帯への転換について焦点を当ててきた。フェルディナンド・テンニースはゲマインシャフトからゲゼルシャフトへの移行を観察し、一方、マックス・ウェーバーは官僚型「理想形」の行き着くところの進化を、「プロテスタンティズムの精神」の論理的帰結として議論してきた。
　組織論の分野では、テーラー（Taylor）やフェイヨール（Fayol）がマネジメントや労働者がより効率的に業務を遂行するのに役立つ、信頼性があり、再現性があり、いかなる場所でも成立する原理原則を見つけ出すための努力を重ねてきた。フレデリック・テーラーは科学的管理法（彼は、実際にはいわゆる「科学的に管理する」ことを説明するために、この言葉を使用していないが）で実績を残しているが、彼のドイツ系ペンシルベニア人[訳注1]についての説明は広く知られている。肉体労働の動きを観察し、彼らにより効率よく仕事をする方法を

アドバイスするだけで，生産性は際立って向上する。同時に変動給与の効果的なシステムに注意が注がれて，その結果として，労働者は動機づけられ，より効果的な仕事の方法をとるようになったと述べている。アンリ・フェイヨールは最適なチームの規模や最善の管理範囲のような事柄に注意をしながら，組織構造に焦点を当ててきた。しかしながら，これらの考え方のベースとなる仮定は，閉鎖的な組織システムの中における，非常に合理的な個人の役割が前提となるのは明らかである。

　組織的に効率が上がると成長は著しいものになる。その著しい成長の結果，企業のオーナーは，株式市場が存在するようになったからではなく，企業の所有と資本の分離が行われたために上場せざるを得なかった。そのことにより個人の合理主義を維持して，組織システムを開示する新しい株主の論理が導入された。同時に科学的管理法が導入され，職場環境における照明の強度のような「衛生要因」^{訳注2)}を変化させることにより，労働者の生産性をいかに高めることができるかが検討された。いわゆるアメリカにおけるホーソン工場の一連の実験^{訳注3)}は，多くの理論家を驚かせる結果をもたらすこととなった。すなわち，人間は機械のようには動かないということである。その後，エルトン・メイヨー（Elton Mayo），ディック・レスリスバーガー（Dick Roethlisburger）の2人の研究者が「人間関係学派」なるものをスタートさせた。労働者は職場における照明の明るさではなく，いかに本人たちが仕事に関心を持つかということと，職場の大事な役割の一部を担っていると感じることによって，より動機づけられることがわかったのである。この学派は「科学的管理学派」の主流と考えられる単線的で，物質的で合理的な役割とは対照的に，社会的個人としての役割に新しい注意をむけることになった。

　しかしながら，組織のシステムや思考性は，閉鎖的なままであった。1950年代の多くの社会心理学者は同様の仮説を構築してきた。残念ながらこれらのモデルは自らの論評を正当化しようとする近年の学者らによってあまりにも頻繁に引用されてきた。

　方法論としての機能理論と組織理論は，組織システムとそれを取り巻く環境

種分野の学識経験者など100人からなる。1968年4月に立ち上げのための会合をローマで開催したためにこの名称がついた。第1回の報告書として『成長の限界』(1972)を発表している。

第2章
意味を持つ組織──価値基準の紹介

文化的差異を認知する

　文化は，玉ねぎのように剥ぐことのできるいくつかの層で成り立っている。主に3つの層から成り立っている。

　まず，一番外層の部分は，一般的に人が文化から連想するところである。すなわち，人の振る舞い，服装，食べ物，言語，組織図，人事制度のハンドブックなど，目で見て理解できるものである。この層は外部から認知できる文化のレベルであり，文化の明示された表現提示の1つの形態である。このレベルでは，最初の観察は，観察している文化について，観察者自身の考えをより色濃く反映する傾向があるので，注意しなければならない。例えば，フランス人はほとんどいつも食べ物にこだわっているが，イギリス人は食べ物を無視する傾向があるといったケースである。

　ビジネスのグローバル化とテレビの世界的ネットワーク化で，文化的差異は縮小傾向にあり，徐々に消えつつあると一般的に言われている。確かにマクドナルドのハンバーガー，グッチのかばん，レキサスの車，コカコーラ，AOLやマイクロソフト・ウィンドウズなどはロンドン，モスクワ，リオデジャネイロ，ラゴスなどの都市でどこでも手に入れることができる。このことは真実ではあるが，注意が必要である。これらは目で観察できる人間が作ったモノである。文化の影響を考えるためには，玉ねぎのより深い層に入り込み，人々がこれらの物を購入する理由を理解しなければならない。例えば，ハンバーガーの価値

を考えるときに，国によってまったく異なった答えが返ってくるのである。ニューヨークの人は，ビッグマックは，急いでいるときにすぐに買って済ませられる食事として買い，モスクワの人はビッグマックを買ったら，その包装をそこで食事をした証拠としてとっておくのである。

　次に，中間の層は，組織が維持する規範や価値観を表している。すなわち，その組織において，規範は正しいことか間違ったことかを表現し，価値観は良いことか悪いことかを表している。価値観は，グループを構成する人々が自ら望んで好むものをグループの共通の傾向としてとらえている。規範とは人々がしなければならないと信じる共通の認識である。例えば金曜日はきちっとしたビジネススーツを着るか着ないか。価値観は，自らが好んでやることや，そうすることを快適に感じるかどうかということだ。規範とは，その組織の人々が金曜日にどのような服装をするのかということ，すなわちドレスコードを表している。文化がうまく機能している時には価値観は規範にもなり得る。価値観と規範との間に軋轢があると，変化へのエネルギーが発生する。

　人は自分の国の規範や価値観が何であるかを尋ねられると，一般的にその内容を明確にしようとする傾向がある。例えば，北か南なのか，都会的か田舎風かなど。人がある文化に属している場合，その文化内の違いをみる傾向がある。なぜなら，同じ文化の中で共有しているものは目で見てもわからないからである。アメリカ人にとってのショッピングモールは，スイス人にとっての時計と同じようにあまり気にならない。大きなショッピングモールのない国からやってくる訪問者だけが，ショッピングモールは価値があるものだと意識してコメントするのである。

　これは文化を正規分布としてとらえることでうまく表現できる。すべての文化において，釣り鐘状曲線における差異があるが，複数の文化間ではより大きな差異がある。このような文化的差異はいったいどこから来るものであろうか。フランス人は，なぜアメリカ人より時間を気にしないのか。また，なぜアメリカにはあれほど弁護士がたくさんいるのか。オランダ人はなぜ，合意形成に走るのか。韓国人はなぜ，物事をせっかちに決定しようとしたがるのか。そのこ

とを解明するためには「文化」という言葉の言語学的な語源（cultivation）—「耕作」にまでさかのぼる必要がある。それは自然との人間の接点に関連するものである。文化とは，敵対的な自然環境の中で，人がより有効に生き抜くために人間が持つ価値観と規範なのである。しかし，物事が日常的なことになると，人々はそのことを意識しなくなる。プレゼンテーションやワークショップで，著者グループは参加者に対して，息を止めてみてもらうことがある。ドイツ人の場合は途中で中止しなければならないことがあった。なぜならドイツ人は，あまりに一生懸命そのことをやろうとして危険なのである。なぜこんな実験をするのかといえば，こんなことをやってみることによって，酸素が足りなくなったら息を吸わなければいけないという，日常忘れている行為を説明するためである。酸素は規範にもなる価値観である。それゆえに我々はそのことを忘れてしまう。そのことは基本的な認識になる。息を止めたり，水中に潜っているときのように，酸素が欠乏したときにのみ，酸素がいかに重要であるかを思い出すのである。

　3番目は，文化の玉ねぎの最も深いところにある内面的な層である。はっきりと目には見えない文化のレベルである。その内面的な層が原因で発生するジレンマに対して人間は組織化して頻繁に発生するジレンマを調和しようとするのである。これは認識と，人々が日々接する問題を処理するために行う日常の行動や方法といったものを含む。これらの問題解決の手法は極めて基本的なために，呼吸のように，普段はどのようにするのかをほとんど考えないで行動している。しかし，外部の人にとってみると，この基本的な認識は認知するのが非常に難しい。文化の玉ねぎの中心を理解することは，他の文化と共存してアライアンスやいくつもの文化にまたがった共同事業を成功に導く上での鍵になる。

　このように，外的な文化の違いが認識される一方で，内的な文化の違いは認識されないことが一般的に多い。このことは，企業買収の前後において，マネジメント上で文化へ相当な配慮が必要であるにもかかわらず，議論の論点から外されていることからも説明できる。著者グループの研究と経験から，これらの基本的認識を明確に測定できるモデルや診断ツールの開発も進められてきている。それらは過去15年間にわたって開発された文化の差異を説明する7つの

価値判断のモデルをベースにしている。それは著者グループの新しい文化規範モデルと調和モデルの両者の中核をなすものである。

このように，我々は文化とは意味に関係していること，すなわち物事，行動，振る舞いに対して，何らかの意味を表すものとして要約することができる。結婚式とは結婚のはじまりだが，それぞれの文化によって異なった意味を持っている。ある文化では結婚することにより，税金が有利になり，他の文化では，結婚が2つの家族やビジネスの統合であって，決して花嫁花婿だけのつながりではない。このように，結婚の目的でも，正式な儀式後のパーティーの華やいだ雰囲気の中の親戚や友人の集まりのように外部から見れば同じように見えるが，異なった文化の中では異なった意味を持つことになる。異なった文化には結婚式の異なった動機が存在するのである。

後述の価値判断モデルを使って，マネージャーは文化の差異を認識することを学ぶことができる。その結果として文化の差異に対する準備をし，その差異がどこでどのように存在するのかを，またその存在をどのように表現するのかをチェックできるようになる。

文化的差異を尊重する

世界についての異なった文化的傾向や見識はどちらが，正しいか間違っているかという単純な視点では議論できない。それらはただ単にお互いに異なっているだけである。人は自らの考えと異なった考えの人々を批判したり，信頼しないことは容易に起こりうることである。次のステップはこれらの違いを尊重して，他人が自分と異なった方法で世の中を見ることを当然のこととして許容することである。すべての文化の差異を自分の問題としてとらえるとき，他人に対する尊重が生まれてくる。我々は世界をありのままの視点で見ない，むしろ自分の視点で見る。それはまるで，いつも文化のめがねをかけていることに等しい。別の人が使うレンズはあなたのレンズとは異なっているのである。

いったん，我々が人間の作ったモノにおける単純な違いを超えて，異なった世界観，または同じものに対しても明らかに異なった理解から生じる意味の違

いに出会うと，これらの違いそのものを理解することがそれ自身ジレンマとして現れることに気づく。人間は自己の中に明らかに矛盾する２つの異なった見解を持っている。尊敬の念は自然に生じるはずであると考えている限り，いったん違いを認識してそれらを尊重する段階になって初めて，本当の問題を意識するのである。IBM社のマネージャーたちが数年前に話してくれてところによると，IBM社では次の３つのステップに沿って社員を教育してきたという。すなわち，①認知し，②尊重し，③その違いを無視するという３段階である。IBM社では，このステップをグローバル化と呼んだ。

　我々はここでは別の提案を行おうとしている。我々の提案はこれらの差異に折り合いをつける方法である。それは明らかに異なる価値観の統合であり，言語上における「統合」の本来の意味につながるものである。

文化的差異に折り合いをつける（調和する）

　これまで，文化の差異に対する認識や尊重に，多くの注意が注がれてきた。しかしながら，もし我々が最初の２つのステップ，すなわち認識と尊重で終わってしまうのであれば，単に文化に対するステレオタイプな見方をサポートするだけのリスクを犯すことになってしまう。著者グループの「トロンペナールス，ハムデン・ターナー（THT）」グループにおける広範囲におよぶ異文化のデータベースの中にも，１つの国の中に非常に多くのバリエーションがあることから，単純なステレオタイプの視点で，国民文化，企業文化，部門文化を見ることは非常に危険であると理解されてきている。著者グループの異文化の研究は，文化の差異を単純に識別するのではなく，その差異に調和の折り合いをつけることに焦点が置かれている点で，非常にユニークなのである。

　著者グループは，実効性のあるビジネスを通して得られる価値は，各種の価値観を調和して折り合いをつけることで達成できるという確証あるデータを十分に蓄積してきた。このことはM&Aも含めたアライアンス，人の採用の分野などにおいても実施してきた。さらに自国民に対して平和をもたらすと語っている国民[1]だけではなく，リーダーシップ[2]に関しても十分なデータを蓄積してきている。

このデータのサンプル分析は，図表2-2に示されているように実に興味のある相違点を示している。鉱業，スポーツ用品，設備産業などは最も高い普遍主義的な数値を表しており，製薬，銀行，政府サービス機関がその後に続く。一方，個別主義の指標では，自動車産業，石油・精製産業が最も高く，その後に洗剤，写真製品，通信業と続く。このグループは非常にマーケティング活動に大きな影響を受けやすく，一方，普遍主義的傾向の高い産業は最初のスタンスをあまり変えない。

図表2-2　普遍主義─産業別平均スコアー

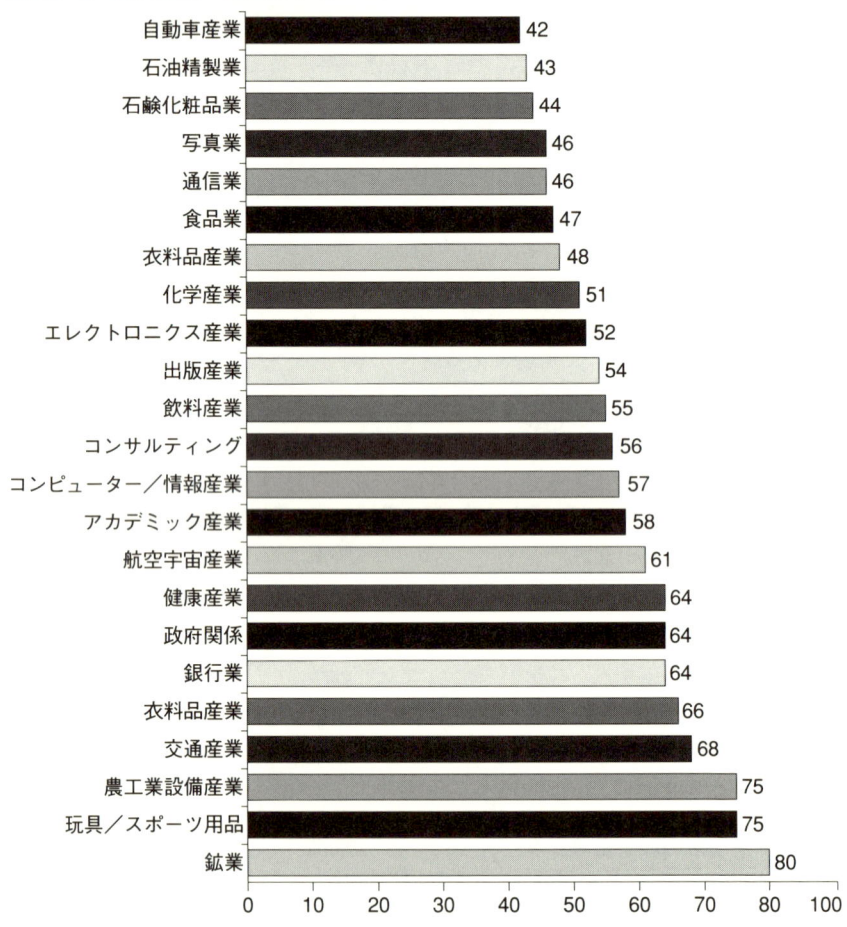

国際マネジメントにおける普遍主義と個別主義

　著者グループは今までしばしばすべての人が関係する可能性のある自動車事故のようなジレンマを例示してきた。国際マネージャーに影響を与える同様のジレンマが，実際のビジネスにおいてもよく発生する。最も頻繁で数多く起きるジレンマは，グローバル化かローカル化かの相対する矛盾である。1つの標準化されたアプローチを取るのか，地域に特定化したアプローチを取るのか選択を迫られるケースである。自分の国で機能するように見える唯一の普遍性のあるモデルがある場合，そのモデルを世界中で活用することができるであろうか。例えば，フォード自動車のモンデオは，「世界の車」という意味をもつが，世界中で同じ様式で製造され，販売されるモデルとして認識されてきた。

　世界的に唯一のルールに基づき世界的で普遍的になるか，特定のあまり馴染みのない国の文化により多くの影響を受けるのかに関しては，多くの異なった議論がある。

　結果論になるが，このジレンマは，KLMオランダ航空とアリタリア航空のアライアンスを非常に危険な状態に陥れた事例でよくわかる。プロテスタントのオランダ人は契約を守ることに極めて固執する。マルペンサ空港の開発に対する1億米ドルの前払金は，契約条項の中心の1つであった。イタリア人はこれを投資の財務的評価としてよりも，アライアンスへの真剣さの現れとしてとらえた。その投資がスケジュール通りに進まなくなると，オランダ人は前払金について議論し始めた。すなわち，契約は契約であると。イタリア人は予定通り進まなかった理由についてのありとあらゆる理由をこじつけ始めた。人生とは大変で，時として予期せぬ特殊なケースが発生することがありうるのだ。すなわち，「いったい何が問題なのか」「我々は別の方法で問題を処理するであろう」などと表現したのである。

ユーロ・ディズニーランドにおける制服と行動様式

　人事的な面から見ると，ユーロ・ディズニーランドにおけるアメリカのマネジメントスタイルは完全に普遍的な統一ルールを適用した。従業員は髭を伸ば

したり，アイシャドウをすることを禁止された。さらに彼らは同じ制服を着なければならなかったし，ある決まった行動様式で振舞うように求められた（例えば，よく笑え，等）。ディズニー大学における社員研修は同質化することに重点が置かれた。ディズニーはアメリカの中心的な価値観を象徴していた。このようなアプローチは個別主義的な傾向の強いフランス人の従業員には受け入れられなかった。結果として，開業後最初の16か月で，約50パーセントの従業員が退職することとなった。

異文化間における出会いの中で起こりうる結果の行動は次のように分類できる。

他の文化を無視する

振る舞い方の1つとして，自分以外の考え方を無視するケースがある。自分の文化的特性，観点に固執するのである。自らの意志決定のスタイルは物事への対応方法や自らの価値観が一番であると信じていること，また自己とは別の思考様式や物事の対処方法を拒み，その上それらを認知せず，あるいは尊重せず，意思決定のスタイルは自らのスタイルを徹底的に押しつける傾向が強い。著者グループは，文化の違いに最終的に調和するための最初のステップとして，文化の違いを認知し，尊重することに対して読者の理解を深めることを目指している。

自らの文化的側面を放棄する

第2の反応のタイプは，自らの文化的側面を放棄して，現地に合わせるケースである。つまり，郷に入ったら，郷に従えのアプローチをとることである。そのような仮面をかぶった行動を続けることが相手に気づかれないわけがない。あなたは極めて未熟な人とみなされる。他の文化を持つ人々は，あなたのことを信用しないだろうし，どのような提携業務でも自らの強みを発揮することはできないだろう。

妥協

時としては自らのやり方に固執して，時としては他人のやり方に譲歩する。

しかしこのスタイルは，勝つか負けるかであり，時としては負けてばかりいるということもある。妥協とは両者が満足するような解決策に至らない。どちらかが何かを必ず譲歩しなければならない。

調和（折り合いをつける）

ここで必要とされることは，2つの相反する見解が一緒に融合して混じりあうことが可能になるアプローチである。すなわち一極の力が他のケースを考慮し，適合することにより，強化されることである。これが，いわゆる調和―折り合いをつけることである。このことは，すでに述べてきたように，多様性と異文化を超えて仕事を行う状況においては，極めて効果的なのである。1つの方法は，自らの自然な考え方から始めて，他の考え方に適合させて，折り合いをつけることであり，別の方法としては，相対する他の考え方から始めて，自分のいつもの価値観を取り込んで，必要な折り合いをつける方法である。

企業は，他の文化を無視し，世界中に独自の成功普遍モデルのアプローチを広めることによって，極端にグローバル戦略をとることができる。ただし，そのことで，問題に直面する可能性がある。例えば宗教上の理由により，牛肉を禁止している国でビーフハンバーガーを売ろうとするときなどである。あるいは，貿易に際して，それぞれの特殊な地域に適用される多くの現地対応型のアプローチを採用することもできる。この後者をとった結果として，各種の個別システムを支えるために，規模の経済性を追求できなくなり，コストが上昇することが考えられる。加えて，組織は何らかの形での統一した企業のアイデンティティーを失う可能性がある。

企業レベルでは，組織は，一方では多くの現地対応型アプローチをとると同時に，1つの普遍的でグローバルなアプローチとの調和のつけ方を見出す必要がある。すでに示してきたように，多国籍企業においては，妥協だけでは十分ではないのである。

必要なことは，普遍主義と個別主義との間の調和による折り合いをつけることである。一般的に国際的な成功の秘訣は，異なった文化の中に特に優れた特

図表2−3 グローバル化における普遍主義と個別主義の調和プロセス

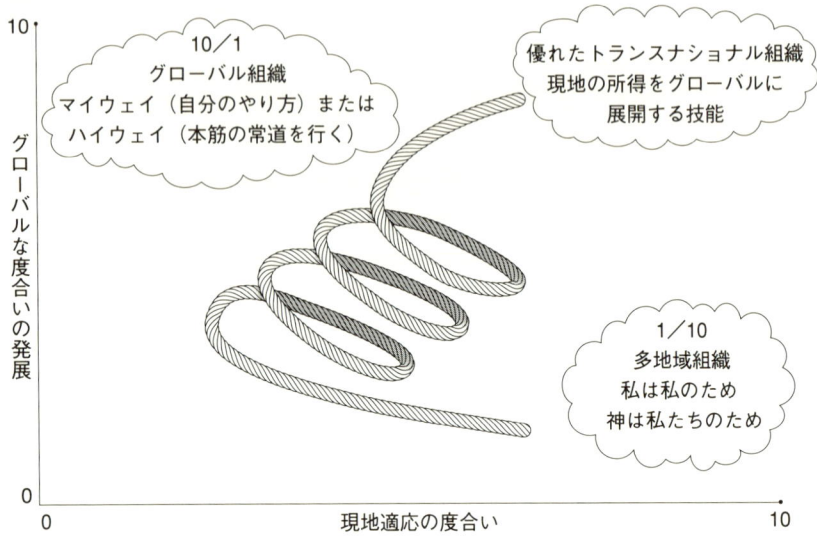

質を見出すことによることが多い。人々が同じように英語を話すからといって，みな同じように考えるとは限らない。2つの文化が同じではないということは，多国籍主義の考え方に豊かさと複雑さをもたらすことである。この折り合いをつけるために，組織は概念的な転換をしなければならない。その答えは，いかに国境を越えてその専門性を高めることができるかにかかっている。すなわち，それぞれの国はある特定の優れた特質を高めながら，一方である特別なグローバルな協力体制の中で，競争優位の特質を求めて権威とリーダーシップの源泉となるものを追求するように努力しなければならない。その目標はグローバル化であるが，大きな影響を与える構成要素として国民性が存在する。ある特定の機能におけるリーダーシップは，それらの職務においてどの国民が優れているかということにシフトしている。この循環は事実，螺旋状の形態を取っている（図表2−3参照）。

　国際的な組織も同様な論理を追求する必要がある。すなわち，ある個別の学習努力を普遍的なフレームワークとその逆の方向性に結びつけていく結果を表している。それは知能理論の文脈における実用的な学習間の関係を示したもの

図表2-4 ベストプラクティスから学ぶ

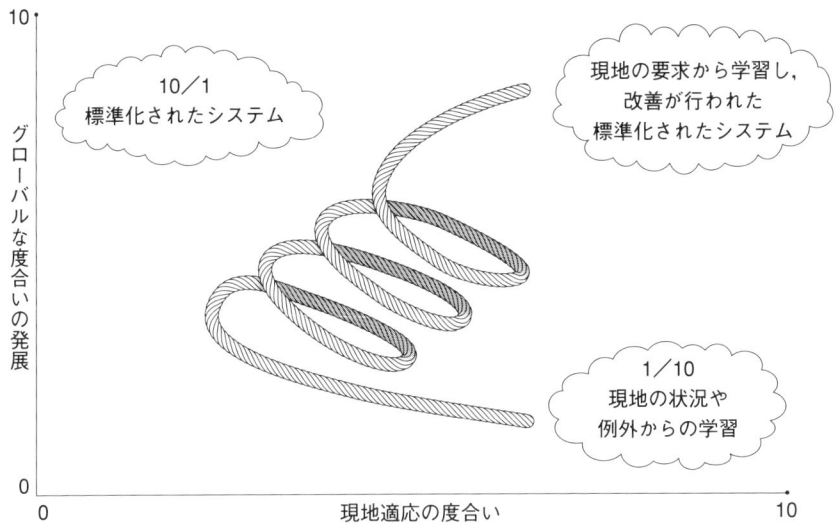

である。この論証法で，最善の統合プロセスが開発され，不利益を利益に転換することができるのである。しかしながら，これを達成するのは容易なことではなく，必ずシニア・マネージャーの介在が必要になってくる。これは時計回りの螺旋として知られている。すなわち，ある水平軸の特定の地点からスタートしてから，垂直軸のある地点（図表2-4参照）に近づけるべく努力をして，自らの折り合いのつく地点を探す作業である。また，別の方法（逆の時計回り），すなわち垂直軸からスタートして，水平軸に近づける手法も同様に有効である。

ハイネケン社が世界中のマネージャーをトレーニングすることになったとき，彼らは事務所を構えているあらゆる国々で，トレーニングプログラムを提供することとなった。しかし彼らは，各々の国で1つの標準化されたプログラムを提供する（普遍主義）か，現地のニーズに合わせるために異なったプログラムを提供すべきか（個別主義）の点で悩んだ。

彼らは継続的に両方の極端な事例を検討することにより，成功裏にこのジレンマを乗り切ることができた。彼らは現地の知識を，標準化したプログラムを作成するときのインプットデータとして活用し，現地のニーズに合うように改

図表2-8　宗教別の個人主義の度合い（宗教別平均スコア）

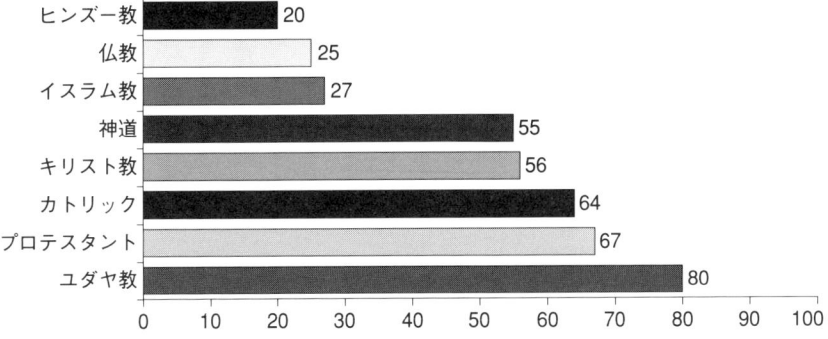

図表2-9　Co-opetition（協争）

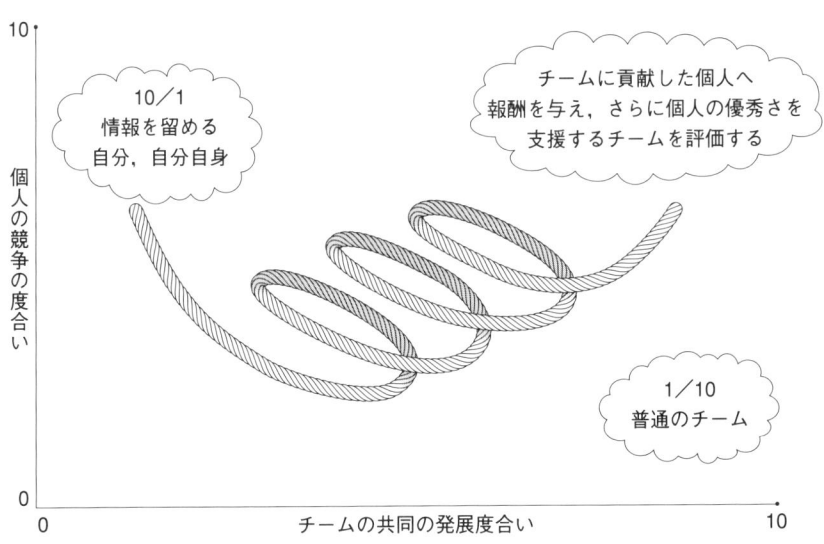

の半分は1つの目標に向かうかもしれないが、一方で、グループの他の人々は別の方向に進んでいくことになるかもしれない。

しかしながら、この実際にあったケースの場合、リーダーシップがうまく機能して、お互いの調和を図ることが可能となった。組織の歴史の中で初めて、その組織はチームと個人の業績が包括された複合的報酬制度を導入した。しか

第2章 ▶ 意味を持つ組織—価値基準の紹介　43

も個人は各チームが彼を最もチームプレーができたチームプレーヤーとして投票した場合に限り，ボーナスを手にすることが可能になるのである。さらに各チームはどのようにして個人の高い業績を育成してきたかについて，プレゼンテーションすることが求められる。聴衆は最も優れたチームに投票する。このシステムはうまく導入されて，「協争 (Co-opetition)」の代表例となっている。すなわち，協力のために競争し，より良い競争のために協力する方法である。

マクロレベルでは，著者グループは，セマテック (Sematech, the American Institute for Semiconductor Industries：アメリカ半導体産業研究所) において，この協争 (Co-opetition) の哲学がしばしば生まれるのを見てきている。この機関はもともとは，アメリカの国防省によって設立されたものであり，その経緯は東南アジアの企業が高度なマイクロチップの分野でリーダーになることを恐れて開設されたものである。その研究所は，アジアの中でも特に日本や韓国の半導体産業に打ち勝つためにアメリカ企業に協力をするように求めてきた。要約すると，5年のうちに，インテル (Intel)，エイ・エム・ディー (AMD)，ナショナルセミコンダクター (National Semiconductor) などの企業が，東南アジアの半導体産業をほとんど壊滅状態にしてしまったのである。もともと彼らは競合相手であったが，非常に高度な競合組織間で協力することが可能になったのである。いずれは競合関係に戻るとしても，今のところ，協力が効果的な戦略となりえたのである。この話の素晴らしいところは，かつてはアジアで競合していた同業者が，一緒に仕事するよう招かれて，喜んで共に仕事を行ったことである。これは協力するためにどのように競争するかを示す非常にわかりやすい例である。

国際的なコンピュータチップ・プロジェクト

2つの巨大企業が―1つはアメリカ企業，もう1つは日本企業―，すでにマーケットで販売されているメモリーチップより16倍も強力なコンピュータのメモリーチップを開発するために，協力関係を結ぶことを取り決めた。このジョイント・ベンチャーはアメリカ企業から提案されたものであったため，日本人の研究者たちが，このプロジェクトの期間中，アメリカに行って仕事をする

ことになった。まず発生した問題の1つは，職場に関する問題であった。日本人はチームワークに欠かせない，大きくオープンな部屋で一緒に仕事をすることに慣れている一方で，アメリカの職場は小さな個人用の部屋に分かれていた。日本人たちはこの職場環境に不満であった。彼らはこの職場環境のために情報のやり取りが分断され，グループで仕事をすることにより生まれる創造的なアイデアがでにくくなると感じた。彼らはオープンスペースの事務所を求めたが，アメリカ人はそれには消極的であった。そこで，日本人は自分たちの意見を話し合うために，職場の廊下の広い場所で一緒になって議論を始めた。もしこれらの2つの企業が，個人の仕事とグループの仕事を組み合わせることにより，お互いの調和を図ることができたとしたならば，彼らはお互いから学ぶことができたであろう。

感情中立主義 対 感情表出主義

　人と人との関係において，理性と感情は両者共に重要な役割を果たしている。両者のうちどちらが支配的になるかというと，まず，例えば，我々が感情的な返答を受けるような場合には，感情を露骨に表して感情的になるし，それに反して，あまり露出しないアプローチでは，感情的に中立となるのである。人間は元来感情的動物ではあるが，必ずしもそれを他人には示さないのである。

　典型的には，理性と感情はもちろん組み合わせの問題である。我々は自分を表現するときに，聞き手の反応を我々がどのように感じて，とらえるかによって，その組み合わせ方を見つけ出そうとしている。我々自身のアプローチが非常に感情的な場合には，「私はこの内容に関して，あなたと同じように感じる」等と，我々は直接的で感情的な返答をしようとする。我々自身のアプローチが非常に中立的である時には，「私はあなたの理由づけと提案に賛成するので，あなたをサポートします」等と，間接的な表現をする。いずれの場合とも承認得られることを求められるが，目的のために異なった道筋が使われる。間接的な道筋は，知的な努力を成功に導くのに欠かせない感情的なサポートを生み出すことができる。直接的な道筋は，ある事実の主張に対する我々の感情を示すことにより，感情と思考を異なった方法でつなぐことができる。

図表2−10　感情中立主義　対　感情表出主義：感情を露骨に出さないパーセント

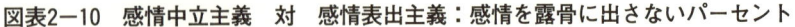

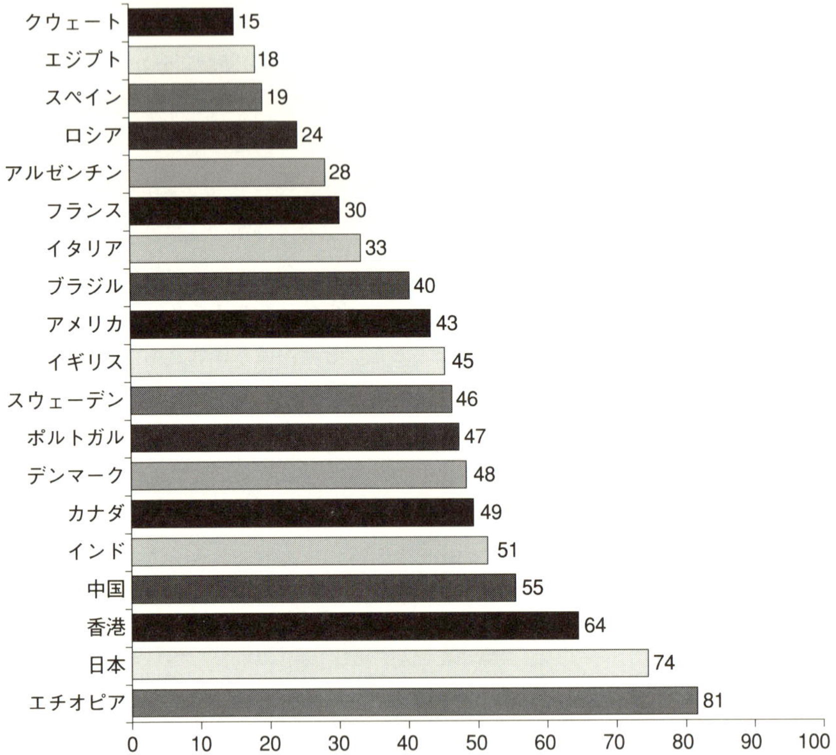

クウェート 15
エジプト 18
スペイン 19
ロシア 24
アルゼンチン 28
フランス 30
イタリア 33
ブラジル 40
アメリカ 43
イギリス 45
スウェーデン 46
ポルトガル 47
デンマーク 48
カナダ 49
インド 51
中国 55
香港 64
日本 74
エチオピア 81
0 10 20 30 40 50 60 70 80 90 100

ここでは，このジレンマに対応する原因分析のために１つの質問を例示しよう。

私の周囲の社会では，感情を露骨に表現することはプロとはみなされない。
この表現についてあなたの立場を選んでください。
(a)まったくそう思う
(b)そう思う
(c)わからない
(d)そうは思わない
(e)まったくそうは思わない

図表2-10は著者グループが得た結果を示している。「国」が単独で最も際立った変数であるという結果がでた。

オープンでしばしば感情的に意見を述べるのは，かなり固定的な意見や，時として敵対的なコミュニケーションスタイルをもつ個人の強いパーソナリティーによって，影響を受けるケースが多い。聞き上手になるなどの基本的なコミュニケーションの重要性を再確認することが必要である。

この図表（図表2-10）は，異なった文化が感情を表す違いの程度を示している。それは，ある文化は感情を積極的に表出するし，ある文化は感情をあまり出さない，ある文化は誉めるが，ある文化は不満を述べることのいずれかを好みがちであるということも示している。

仕事の役割による感情表出主義と感情中立主義

人々が感情を表現する程度の差異は，仕事の役割と相関関係がある。コンピュータ計算や法務関連のスタッフは感情を表すより，むしろ感情を抑えるであろう。一方，マーケティング，管理部門，製造部門の人々は自らの感情についてはもっとオープンであるように見える。図表2-11に示されているように，管理部門スタッフと秘書スタッフとの間には中立性に関して大きな隔たりがある。

価値の差による多様性

エントロピー（不確実性）	感情中立主義 対 感情表出主義
低い（重要度の高い変数）	国家
	産業
	仕事の役割
	宗教
	企業風土・文化
	年齢
	性別
高い（重要度の低い変数）	教育

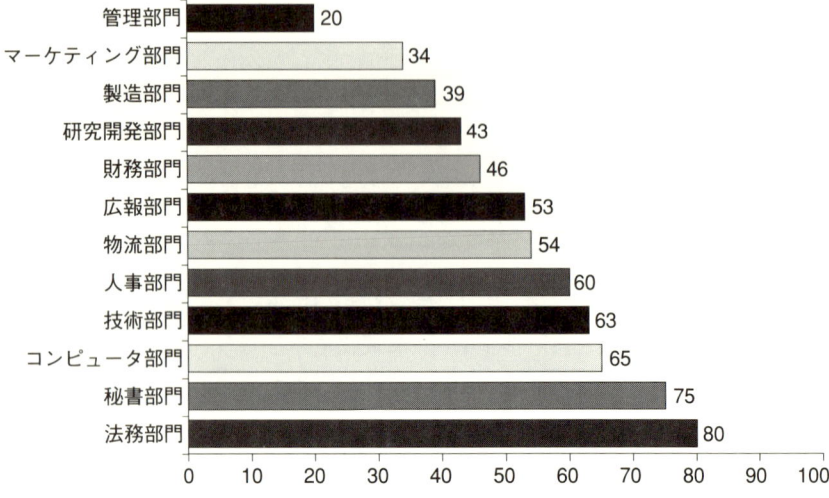

図表2-11　仕事の役割別の平均的な感情の「中立性」

感情中立主義の文化と感情表出主義の文化を調和させ，折り合いをつける

　感情を露わに表す感情表出主義と感情中立主義は，お互いが関係するときに問題が起きる。より中立的な傾向をもつ人は，ハートがなく，冷たいと非難されるが，感情表出主義の人は自らをコントロールできず，調和に欠けると考えられる。そのような文化が対面するときに，国際マネージャーにとって最も大切な仕事は，その違いを認識して，感情に基づく，または，感情に欠けた判断を下すことを差し控えることである。そして，マネージャーは他の人がその人なりのやり方で振る舞う権利を持つことを尊重しなければならない。異なった文化は感情の表現に対して異なった意味合いを持っているのである。そのことが，文化間で差異が存在している理由を説明しているのだ。

エイ・エム・ディー（AMD）社の感情的なアメリカ人と気難しいドイツ人

　感情中立主義の文化は，感情表出主義の文化を，子どもじみていて，非合理で，目いっぱいの熱意と表面的なスローガンを掲げていると見ている。一方，感情表出主義の文化は，感情中立主義の文化を秘密主義で読み取りにくく，信

図表3−4　特定関与型文化と関与融合文化の遭遇

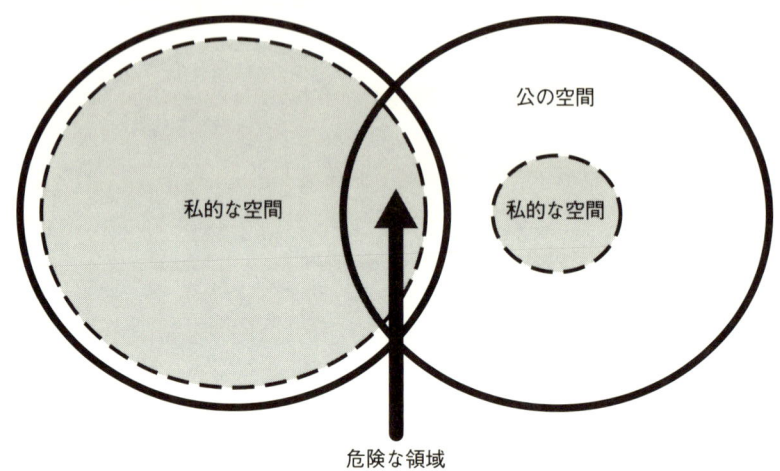

れるであろう。[訳注1)] もしあなたが何らかの関係性を持っていれば，あなたは彼らの生活とかかわりを持つことになる。これは関与融合型の関係である。「Mr.博士」と呼ばれることは公的な生活において特別なレベルにいるわけではなく，「Mr.博士」はあなたのアイデンティティーを定義づけているあなた個人そのものなのである。

　では，このことはビジネスの世界では，どのような意味があるだろうか。マーケティングと研究開発部門の会議を考えてみよう。研究開発部門がある考え方をマーケティング部門に提出し，それに対してマーケティングチームの人々が「何てひどいアイデアだ」と言ったとする。研究開発チームにとってそれはどんな意味を持つであろうか。研究開発部門は関与融合型の文化であり，そのアイデアは彼ら個人そのものから出たものであり，その属性そのものを意味することを考慮しなければならない。彼らは研究開発のアイデアと自らのアイデンティティーを区別しない。そのため，結果としてマーケティングチームは研究開発チームの機嫌を損ねることになる。

　マーケティングチームは，決してそれを同じようには受け止めない。彼らは非常にオープンである。彼らを侮辱することは難しい。彼らはそのことを個人

的にとらないので，彼らに対しては何でも表現することができる。そのことは彼らが関与特定型の文化であることを示している。

ここで起きたことは，マーケティングチームが研究開発チームの私的ゾーンに不用意に入り込むことによって，「プライベートの危険ゾーン」に足を踏み入れたことである。マーケティングチームにとって考えを議論することは公的な問題なのに，開発部門では私的な問題なのである。

これは「面子をつぶす」という概念が起こる領域である。面子をつぶすことは，プライベートとみなされることを公にすることである。我々は日本やスペイン等の国で，面子を保つことがいかに大切なことであるかをよく知っている。

文化の間の大きな問題は，関与融合型の文化と関与特定型の文化とが出会う場面である。関与融合型の文化は，間接的なコミュニケーションによって認知される。これはイギリス人とアメリカ人との間でみられる大きな違いである。アメリカ人たちは，オランダ人やオーストラリア人と同様に問題の核心に直接触れることを好む。これに対して，イギリス人や日本人は，より繊細で間接的である。彼らは提案が良くないと考える場合，「あれは非常に面白いプレゼンテーションだが，更なる研究が必要である」などというであろう。これがオランダ人だったら，直接的に「これは本当に良くない」というであろう。

次に，この価値基準について，関与特定主義なのか関与融合主義なのかを判別することができる質問の例を示そう。

あなたの上司が週末に家のペンキ塗りを手伝ってくれないかと頼んだとしよう。異なった価値基準に基づいた2つの意見が考えられる。
(a) あなたは上司の家のペンキを塗る必要はない。これは関与特定主義のケースである。あなたとあなたの上司との関係は仕事の世界に限った関係であり，プライベートな関係ではない。
(b) 「もちろんそれは私の上司からの依頼なので，ペンキ塗りを手伝わなければならない。」これは関与融合型の関係である。あなたの生活における経済や家族の状況は上司次第であり，したがって，あなたは手伝わなければな

らない。あなたと上司との関係は，職場における関係以上のものがある。あなたはどちらの意見に賛同しますか。

さて，この事例において上司を手伝わない比率が，スウェーデンの91パーセントから中国の32パーセントまで（つまり中国では68パーセントの人が手伝う）文化によって大きな開きがある。日本でのスコアは，71パーセントの人々が手伝わないと言っているが，その表面的な数値に果たして信憑性があるのだろうか。さらに検討してみた結果，日本では自分たちの家を自分でペンキで塗装する習慣が存在しないのである。むしろ日本人には，ペンキ塗りではなく木材やその他の資材で家を補修する傾向がある。このことは異文化間の研究におけるいくつかの難しさを示している。しかしながら，次のような他の内容を明確にする質問を行うことで，この価値基準に関しての各国のデータベースを蓄積することができる。^{訳注2)}

人々は仕事を最適に実施する方法論について，異なった見解を持っている。どちらの方法をあなたは好みますか。
(a)最善の仕事は，あなたと一緒に仕事をする人々が，あなたのことを個人的に知っていて，あなたのやり方を組織の内外において受け入れてくれるような場合に一番実現されやすい。
(b)最善の仕事は，あなたと一緒に仕事をする人々が，たとえ親しい友人ではなくても，あなたの仕事のやり方を尊重してくれる場合に実現されやすい。
前述の事例と同様に，各文化間で答えには顕著な違いがある。

年齢層間の関与特定型と関与融合型文化

文化の統合化（例えば「ヨーロッパ統合型」と呼ばれるものなど）と文化の世代間の違い等の問題が存在する。加えて，年齢と共に，多様性を取り扱う経験を重ね，仕事やプライベートで海外旅行をする頻度が増えるごとに，そこで発生する問題を対処しなければならない。

著者のデータベースから，年上のマネージャーやリーダーになればなるほど，より関与特定型になる傾向があることが判明している。このことは1つには著

図表3-5　年齢別「関与特定型」の比率

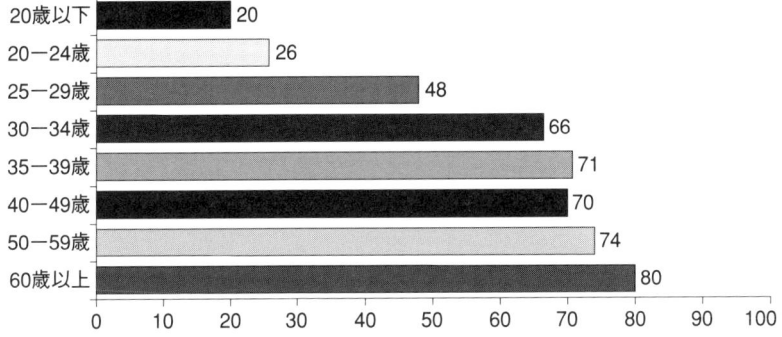

者グループの対象サンプルがビジネスパーソンで構成されていることが理由であり，今まで仕事の関係上家族から離れることが多く，関与融合型文化の特徴である公私が混在した仕事上の関係を経験するからであろう。

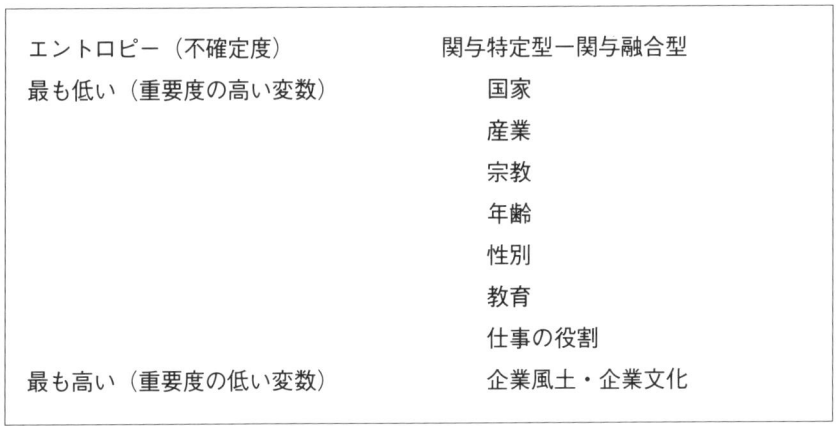

関与特定型と関与融合型文化を調和させる

　我々は主要な航空会社間の様々なアライアンスに，この価値基準の事例を見い出すことができる。英国航空とアメリカン航空のアライアンスにおける著者グループの仕事では，顧客との関係の構築方法が異なっていることを両者に認知させ，尊重しあうことをサポートしてきた。アメリカン航空は「中核となる企業のコンピテンス」と「株主価値」を強調し，これに対して，英国航空は

「暖かい朝食」,「ビジネスクラスのシャンペンサービス」などを強調してきた。
　この「ワン・ワールド」のアライアンスにおける選択肢は以下の通りだった。

・牛肉をコーラと塩味のクラッカーと共にサービスする
・暖かい朝食ばかりでなく，マッサージ，靴磨き，その他の特別なサービスを提供するが，それでは「機内にお金が掛かりすぎて機内から破産することになる」
・妥協して，暖かい塩味のクラッカーをサービスするが，そうすればすべての乗客を失うのは確かである

　ここで調和し，折り合いをつけるということは，どの分野で個人的なサービスを提供し，かつその提供されるサービスにおいて，顧客との関係を強化させるのかを決定する方法である。
　アライアンスが成功するかどうかは両社の調和の方法にかかっている。すなわち，航空会社の社員によって提供されるサービスで，顧客との関係をより深めるために，航空会社の社員が高い能力を発揮して，一貫して，これらの特定の折り合いのつけ方を見つけることができるかどうかにかかっている。この場合，暖かいクラッカーは妥協の産物であり，まさにビジネスの崩壊をもたらすであろう。このようなケースは，アライアンスではしばしばあることだ。

　２年ほど前のある時期，メリルリンチ社はインターネット上でチャールズ・シュワブ社からの厳しい競争にさらされていた。メリルリンチ社の財務コンサルタントは，顧客との長期的で高額な取引関係を発展させる取引に慣れていたが，チャールズ・シュワブ社はコンピュータ上でそのような顧客をサポートする方針を決めていた。数年後に，メリルリンチ社は，マーケット・シェアにおいてコンピュータを活用した取引が劇的に拡大していくことを目の当たりにした。コスト面で費用のかかっていた関与融合型の取引より，インターネット上の関与特定型のサービスが，優位に展開してきたのである。メリルリンチ社は，長い時間をかけて検討した結果，コンピュータベースの取引を導入することを決めた。しかも，シュワブ社よりもっと巧妙で，精巧な方法でコンピュータを利用した取引を導入することに決めた。その巧妙さは，関与特定型のインターネットと関与融合型の財務コンサルタントのそれぞれの異なった文化をいかに

複合させる（調和させる）かに配慮を置いたことにある。

　まず，メリルリンチ社のコンサルタントは彼ら自身のインターネット上の顧客に対して，インターネットによる個人的な接点を増やすことにより，さらにきめ細かいサービスを提供できるよう顧客の発掘に努めた。その一方で，従来の顧客に対してはウェブ・カメラを設置することにより，インターネットを通じて彼らのコンサルタントへより早く接触できるように手助けをした。顧客はインターネット上で自らの取引のポートフォリオに瞬時に接続することも可能になった。メリルリンチ社は一時のビジネスの落ち込みを転換させて，マーケット・シェアは回復し，同時に費用構造も改善することができたのである。

　このことは，インターネットがどのようにして顧客との関係を強めるのに活用されたかという方法論を提示している。バーンズ＆ノーブル社（Barnes and Noble）はオンライン上でアマゾン・ドットコム社より多くの書籍を販売している。というのも，彼らは実際の店舗をもっているからである。彼らの商売上の折り合い点は，コンピュータという関与特定型サービスと，書店，店舗などを通じた関与融合型サービスを合体させていることにある。

実績主義 対 属性主義

　すべての社会において，ある特定の人々には他の人々より高いステータスが与えられている。これは，そういった人々や彼らの活動に対して，普通以上の注意が払われるように配慮がなされているからである。社会によっては彼らの実績に基づいて人々のステータスを考える傾向があるが，別の社会では，年齢，階級，性別，教育の程度などをステータスと結びつけて考える傾向がある。著者グループは，前者を実績主義，後者を属性主義と名づけている。実績主義はあなたが何をするかが大切であり，属性主義はあなたが誰であるかが大切なのである。

　実績主義傾向の文化では，彼らの製品やサービスをその性能に基づいてマーケティングする。性能やスキル，知識が彼らのステータスの証となる。

　属性主義傾向の文化では，ステータスを製品やサービスそのものに求める傾向がある。特にアジアにおいては，ステータスは，他人から「自然と」賞賛を

は，決して直接的には交わりのない株主に対して，どのくらいの価値を創造するのに貢献してきたのかという点で評価されるのである。利害関係者の価値を中心に考えるのであれば，時間的視野を広げなければならない。

同じような影響が，産業別にも見られる。もし，あなたがハイテク産業で仕事をしている場合，製品がマーケットに出る前に時代遅れになることもありうるので，短期的展望を展開する。この短期的傾向のケースと米ドルで10億ドルの投資をすることにより，新しく開発された接触分解装置に対して20年の償却期間をもつ石油会社の財務マネージャーのケースを比較してみる必要がある。

会社が古いほど，会社は良い

2つの古い会社が合併し，新しいヨーロッパの会社が設立された。そして，会社のパンフレットに，合併された年が会社が設立された年として記載された。その会社が中国でのビジネスの可能性を調査し始めたときに，彼らはパンフレットを中国語に翻訳して，中国における窓口先と交渉するたびに中国語版のパンフレットを手渡してきた。

ある時，彼らの今後の合弁先と考えられるパートナー企業の1社が，彼らと中国でビジネスを積極的に展開している競合企業とを比較検討していることを知った。

その競合企業は彼らより2倍も古くて，そのためにより多くの経験も積んでいると中国側のパートナーはコメントしていた。実際のところは，合併前の会社の1つはその競合会社よりも20年も前に設立されており，関連技術の発明者でもあった。

しかしながら，会社のパンフレットに創立日として記載されているのは，2社合併の日付であり，合併前の会社の歴史はパンフレットには含まれていなかったのだ。この種の間違いは中国においては成功と失敗の違いくらいの意味がある。それゆえに，この会社はすぐに新しい中国語のパンフレットを作成した。

文化が短期的傾向か，長期的傾向かを評価するために，著者グループは次の質問をデータベースの参加者にしてみた。

過去，現在，未来のおけるそれぞれの関連する意義を考えて，あなたの過去，現在と未来のそれぞれの関連する時間展望を下に記入してみてください。

7＝年
6＝月
5＝週
4＝日
3＝時
2＝分
1＝秒

私の過去は____前にスタートして，____前に終わった。
私の現在は____前にスタートして，今から____後に終わる。
私の未来は今から____後にスタートして，今から____後に終わる。

著者グループのデータベースの回答者の中では，スウェーデン人とフィンランド人が長期的思考のトップにランクされることがわかった。木材に長く依存してきた彼らの社会が，自然に対する長期的なコミットメントを醸成していくのはごく自然なことである。木が成長し，木材として活用できるようになるまで，35年ぐらいかかる。対照的に，多くの熱帯地域の文化では，人は木を切り，果実を摘み取るが，それは次々と代替が可能である。そんなところに，長期的な計画など必要ではない。そのような理由からアフリカや南米の国々（最適条件下で，収穫が潤沢にある国々）は，北米やオーストラリアの文化の次に短期的思考傾向が強い。

折り合いのつく調和に向けて

我々が異文化間で認知できる頻繁に起こるジレンマの1つは，短期的に，かつ徹底的に株主の価値を追求する文化と長期間における利害関係者の価値を信じる文化との間のジレンマである。例えば，オランダに本社があるCSM社は，大胆にも自らの企業の中核となる原則の中に，利害関係者の価値を明言している。このことは，彼らが製糖産業の流れを汲む共同体的な企業文化を保持して

図表3-9 長期間・短期間－株主・投資家

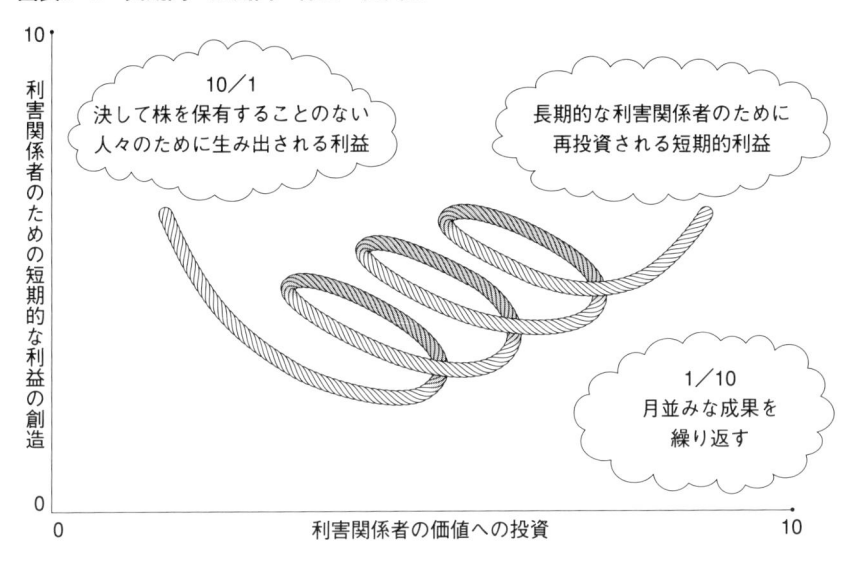

利害関係者のための短期的な利益の創造

10/1
決して株を保有することのない人々のために生み出される利益

長期的な利害関係者のために再投資される短期的利益

1/10
月並みな成果を繰り返す

利害関係者の価値への投資

いることを考えると理解できる。しかし，ある部門はこの事態をあまり楽観視していなかった。なぜなら，その部門は企業内で最も多くの利益を生み出す「金のなる木」であったからである。著者グループのワークショップでCSM社が見つけ出した調和とは，極めて単純ではあるが聡明なものであった。それは図表3-9に表されている。

過去，現在，未来の傾向

　文化は，それらが過去，現在，未来に与える意味の内容においても異なっている。著者グループはコトル（Cottle, 1967）から次の例題を引用した。我々はそれらをウェブベースの双方向の質問としてCD-ROMの中にソフトウェア化し，取り入れた。

　次の質問を考えてみよう。
　過去，現在，未来を円の形として考えてみてください。まず，過去，現在，未来を表す円を描きます。次に，それらの円を，過去，現在，未来の関係について，あなたがどう感じるかを最も適切に表現できる方法で描いてみてくださ

い。

　この構成概念は，「過去，現在，未来についてのすべてこの話は馬鹿げている。なぜなら，存在する唯一のものは現在である」といった聖アウグスティヌスから引用した概念モデルを基に構成されている。しかし，我々には3種類の「現在」がある。すなわち過去の現在，現在の現在，未来の現在である。我々が現在に与える意味は，我々がいかに過去，現在，未来を関連づけるかにかかっている。

　我々の回答者たちの，過去15年にわたる時間の概念に対する見解は，著者グループに興味ある洞察を与えている。1つの会議に関連するいくつかの事例を示そう。

　「私はこの会議が大好きだ。なぜかというと，1987年頃に，フェニックスで開催された会議のようであるからである。それは素晴らしい会議だった。」

　「事務所に戻るや否やここで学んだことのすべてを活用できるから，私はこの会議が大好きだ。」

　「私はこの会議が大好きだ。なぜなら，ここに居るだけで楽しいし，古い友人や新しい人に会うことができる。ここのグループは私が知っている最も価値のあるグループだ。」

　会議の意味することは個人によって異なっている。個々の人は，会議と時間との関連を異なってとらえているからだ。我々すべては現在に生きており，我々が過去と未来をいかに大切と考えていても，それらは今は存在していないのである。もちろん，我々は，将来が未だ存在していないことを知っている。しかし，多くの人々は過去も存在しないことを忘れている。彼らは「もちろん，過去は存在している。ロンドン市内の中心を訪れてみると，そこには長らく保存されたいくつかの古い美しい建物を見ることができる。それは，現在でも生きているわずかな過去なのだ」という。しかし，これらの建物は，実際には現在の一部である。それではなぜ，我々はこれらの建物が古いと考えるのか。そ

図表3-10　時間の傾向

過去、現在そして未来

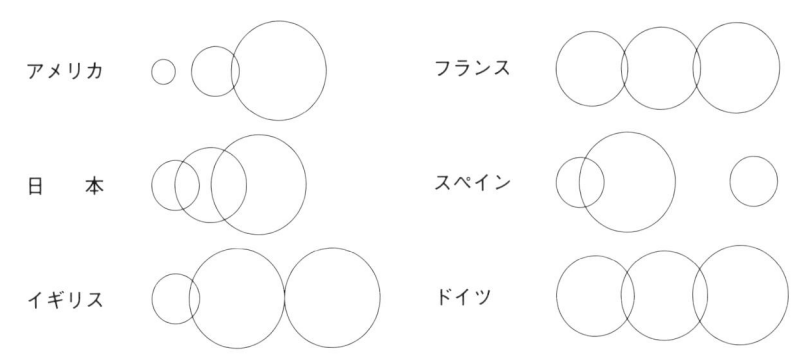

アメリカ　　　　　　　　　　　　　　フランス

日　本　　　　　　　　　　　　　　　スペイン

イギリス　　　　　　　　　　　　　　ドイツ

れは，建築されて以来の建物が現在では古い状態になっているからである。もし過去だったら，これらの建物も新しいはずである。

　もちろん，我々は，現在は，例えば何かを企画するとき，以前に比べれば未来のことをもっと考えなければならない時代であることは十分に承知している。顧客にプレゼンテーションをするとき，ある文化では彼らの能力の証として，彼らがすでに成功裏に完成してきたプロジェクトを参照しながら，過去を強調するであろうが，未来志向の文化では，提案されるプロジェクトが新しいことを強調するであろう。彼らにとっては，すでに完了したプロジェクトは，未知の問題を抱えた新しいプロジェクトを完了させる能力の証とはならない。
　むしろ，彼らはいかに将来のプロセスを管理して，そのプロジェクトが予定通り，予算内で完了することができるかどうかを示すプロジェクトのマネジメント・システムを強調するであろう。

　我々のデータベースは，国別の違いのみならず（図表3-10），仕事の役割別の違いも示している（図表3-11）。

　戦略的計画，ゴール目標，あるいはMBO（目標管理制度）などを，異なった時間の概念を持つ異文化の環境に導入する職務につく場合に想定される問題について考えてみよう。

図表3-11　職務役割別の過去、現在、未来のとらえ方

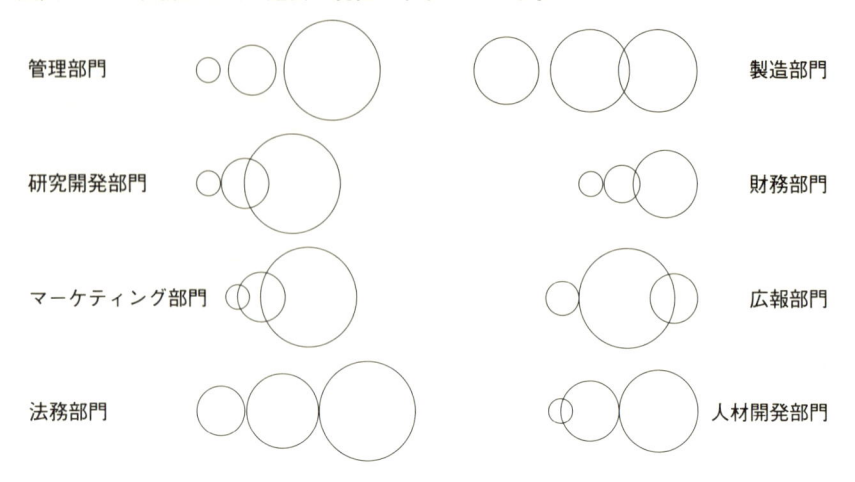

管理部門	○ ◯ ◯		◯ ◯ ◯	製造部門
研究開発部門	○ ◯ ◯		◯ ◯	財務部門
マーケティング部門	○ ◯ ○		◯ ◯	広報部門
法務部門	○ ◯ ◯		◯ ◯	人材開発部門

　製造部門と製品部門は将来に対する計画にはあまり関心を持たないだろう。なぜなら，将来のことは現在とほとんど関係がないと考えているからである。彼らが関連するいかなる計画も彼らが過去から熟知しているものに基づいて，業務に反映させていくものがほとんどだからである。彼らの職務は製品が市場に出るまでであり，極めて現在志向の活動である。このことは営業部門に対しても当てはまる。なぜならば，現在の営業サイクルより長い計画はいかなるものであっても，販売のための貴重な時間に対する無駄と考えるからである。

　一方，R&D（研究開発部門）を考えてみよう。研究開発部門の現在との関連は，今日の実験が長期的に期待される結果にいかに影響を与えるかということだけであり，その結果は，常に未来に存在するものである。
　研究開発部門と同様に，マーケティング部門も非常に未来志向であり，時間の半分を計画にあてている。マーケティング部門は可能性のある未来があると信じているので，彼らの計画は新しい方法と可能性を探ることから始まるのである。

順次時系列型傾向 対 同時並行型傾向

　我々は，人々がスケジュールや行動に関して時間をいかに異なった方法で管理したり，また，どのくらい時間を厳守したりしないかということを認識して

外的コントロール志向型として定義づけられる外部環境からの影響を注目している。

　一方，人間は自然を支配できると信じていることに加え，自然を機械的にとらえる見方が支配的な文化の人々は，自分自身を正しい行動の方向性を決める出発点としてとらえる。これは内的志向が強く，顧客の意向が強く反映される最近の流行の中にその傾向が表現されている。組織はこのアプローチを極めて注意深く取り扱わなければならない。なぜならば，このアプローチは，内部統制を信じることなく，それを許容しない社会においては，まったく機能しないからである。我々は，外的志向モデルには，比較的新しい欧米の機械的な概念よりもはるかに古い伝統があることを忘れてはならない。

　世界の欧米以外の地域では，明らかに外的志向モデルが多い。そのことを表した冷戦中に亡命した2人のロシアのパイロットの事例がある。1人はミグ戦闘機を操縦して日本へ，もう1人はアメリカへ亡命した。そこでアメリカ人はミグ戦闘機をどのように取り扱ったか。もちろん彼らはそれを分解した。たった2日でそれらはバラバラに分解されたのである。それでは日本人はどのようにしたか。彼らは数週間ミグ戦闘機をそのままにしてじっと眺めていた。彼らはシートに腰掛けて，どんな感触なのか確かめるために，エンジンルームに入り込んだ。そのことを観察して西洋人は「彼らは何をふざけているのか。何のために彼らはエンジンの感触を知りたいのか」と表現するであろう。それは機械の本質，もしその気なら，機械の魂に触れることを意味している。それがまさに日本人がどのようにしてカワサキのオートバイを作り出したかを示している。彼らはBMW社のオートバイを見て，どのように感じるか試乗して，それに改良を加えたのである。

　自然の概念は組織の機能的な部門で重要な役割を果たす。内部コントロール志向で機械的な部門を考えるとき，人は製造，生産，営業と典型的なアメリカのエグゼクティブを想像するであろう。これらの部門とその個々の面々は，自分たちの周りの世界をコントロールすることができると考えることから出発するので，そのように行動するのである。しかし，外的なコントロールが強い部

門というと，研究開発部門（特にハイテク部門）や多くのマーケティング部門が想像されるであろう。これらの部門では，彼らは自分たち以外の外部環境から手がかりを得て，それに応じて反応するのである。

統制のスタイルが外的であるか，内的であるかはしばしば取り上げられるが，内的，外的のバランスをどのように取り，どのように統合するかを述べている既存のフレームワークはほとんど存在しない。ただし，デミング博士（Deming）の品質管理の業績がそれにもっとも近いものである。デミング博士は，品質を決める鍵として，その製品の性能ではなく，全体システムに重点を置いた。力でコントロールするのでなく，自然の中で仕事をするという「ビジネスの力関係」はこの見解を受け継いだものである。このことはデミング博士の哲学を活かすことに成功したことにより例示される。我々は適切な文化の文脈の中でそれが応用されるとき，このアプローチの利点を理解できるのである。

我々は，地理的な地域の違いにおける統制の所在の違いをみてきた。この価値基準について，著者グループは強制選択による質問紙を使用して，マネージャーに質問し，彼らがより多くを期待できると考える選択肢を示してもらった。その事例をここに示す。

(a)私に何が起こるかは，私の問題である。
(b)私は自分の人生で実際に起こることを，自分ではコントロールできないとしばしば感じる。

図表3－12は(a)（内的統制型）と答えた比率を表している。

著者グループのデータベースでは，欧米の文化は極端に内的コントロールが強い傾向であることを示している。多くの欧米のマネージャーたちは，本質的にどんな環境もコントロールできて，どんなマーケットも創造できて，どんな問題も自らの行動により克服できるという能力（失敗するか，しないか）があるかないかで選抜されるのである。「テクノロジー・プッシュ」といわれるように，自らが生産するものがマーケットをコントロールできると信じている。一

図表3-12 内的ー外的コントロール:「私に起きることは, 私の問題である」と考える比率

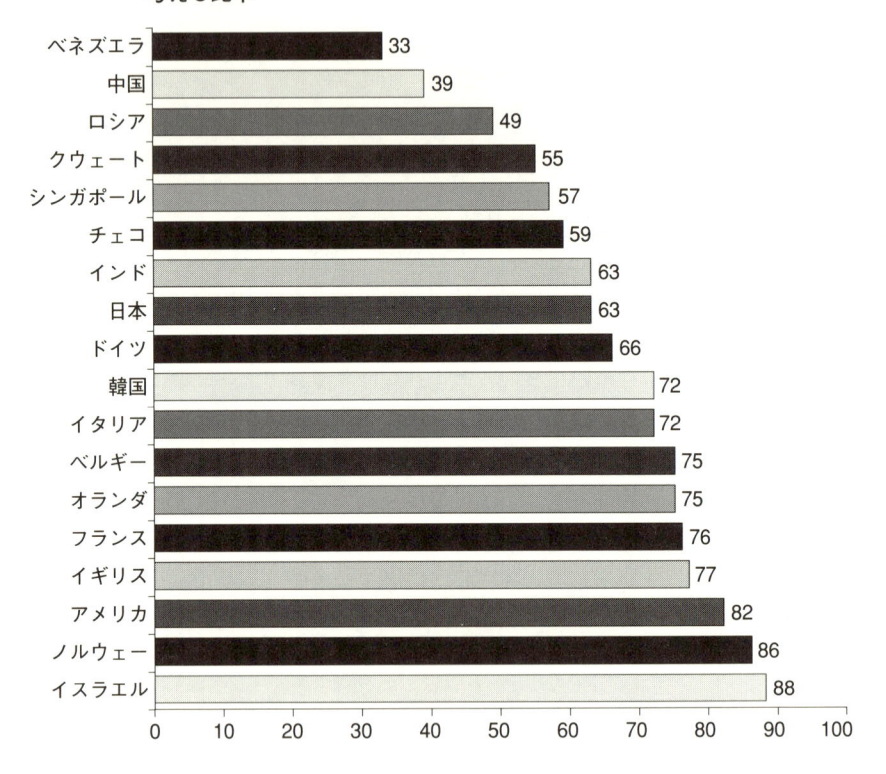

ベネズエラ	33
中国	39
ロシア	49
クウェート	55
シンガポール	57
チェコ	59
インド	63
日本	63
ドイツ	66
韓国	72
イタリア	72
ベルギー	75
オランダ	75
フランス	76
イギリス	77
アメリカ	82
ノルウェー	86
イスラエル	88

方, 外的コントロールの傾向の文化のアジア人たちは, 極度にマーケットからの外的合図によって影響を受けやすいのである。それと相まって, アジアの人々は最新のテクノロジーを創造するようなマーケット環境ではないところで, ハンディキャップを背負って仕事をしなければならないのである。

つまり, ジレンマは,「あなたが作ることができるものを売る」のか,「あなたが売ることのできるものを作る」のかの選択にある。

性差

統制の所在は, 男女がどんな文化においても顕著な差を示す少ない価値基準の1つである。アジア, ヨーロッパのみならず, アメリカにおいても, 男性は女性より明らかに, より内的な傾向が強い(図表3-13)。

図表3-13　性差―内的コントロールの比率

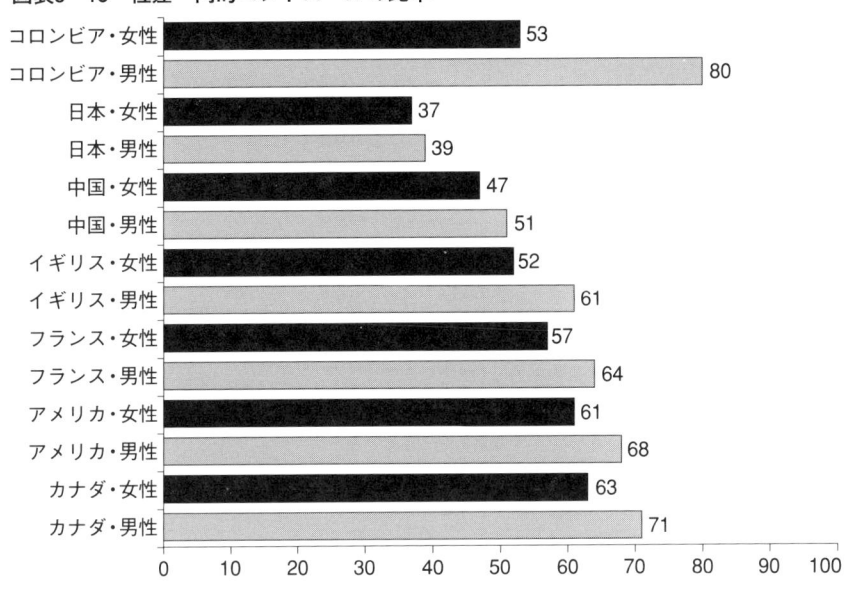

コロンビア・女性	53
コロンビア・男性	80
日本・女性	37
日本・男性	39
中国・女性	47
中国・男性	51
イギリス・女性	52
イギリス・男性	61
フランス・女性	57
フランス・男性	64
アメリカ・女性	61
アメリカ・男性	68
カナダ・女性	63
カナダ・男性	71

　女性は外的な刺激により動機づけられる傾向にあり，一方男性は，自らの見解を環境を超越した立場として位置づけることにより，自分たちが環境をコントロールしていると考える傾向がある。
　著者グループは，次に挙げるような質問項目を用いて，それぞれの国民がこの価値基準のどこに位置しているのかを調査した。

次の2つの文のうち，あなたの現実の考え方に近いのはどちらですか。
(a)偉大なる成功は，一生懸命仕事をすることの成果である。すなわち，運と成功との間にはほとんど関係がないか，まったく関係していない。
(b)偉大なる成功は，たまたま適切なときに適切な場所に居たことによる場合が多い。

　男性は，(a)と(b)の答え方がちょうど半分ずつ（50％対50％），ほぼ等しく分かれるのに対して，女性は58％が(b)と答えており，外的志向性が男性より強いことを示している。

第3章▶その他の価値基準　85

エントロピー（不確定度）	内的志向 対 外的志向
最も低い（重要度の高い変数）	国家
	産業
	仕事の役割
	宗教
	性別
	年齢
	教育
最も高い（重要度の低い変数）	企業風土・文化

内的コントロールと外的コントロールとの折り合いをつける

　問題となっている主要な点は，テクノロジー・プッシュの特性から生じる内的コントロール傾向の文化と，マーケット・プルの外的コントロール傾向の文化とを，創造性という文化を生み出すために，どのように結びつけることができるかである。フィリップス社のような消費者電子機器メーカーの例を挙げれば，ある特定の技術やマーケティングの質に関する優れた知識や創造性について，誰一人否定する人はいないであろう。フィリップス社が直面していた問題は，2つの主要な機能分野間のつながりの悪さとコミュニケーションの悪さであった。組織の成功は2つの局面をいかに統合できるかによる。

　テクノロジー主導傾向は，どのマーケットによって影響を受けるのかを決定する上で，役に立つものでなければならないし，マーケット主導傾向は，どのテクノロジーを売り込むのかを知る上で役に立つものでなければならない（図表3-14）。

これらの価値基準に関するあなた自身の傾向

　第2章と第3章では，個々の価値基準について説明してきた。さらに，これらがどのくらい文化的差異を表すことができるのかを説明してきた。これらの文化的差異を認知し，尊重した後に，我々はその差異に調和して折り合いをつけることができるのである。あなたはそれぞれの価値基準に沿って自分の傾向

図表3−14 テクノロジー・プッシュとマーケット・プルの連動

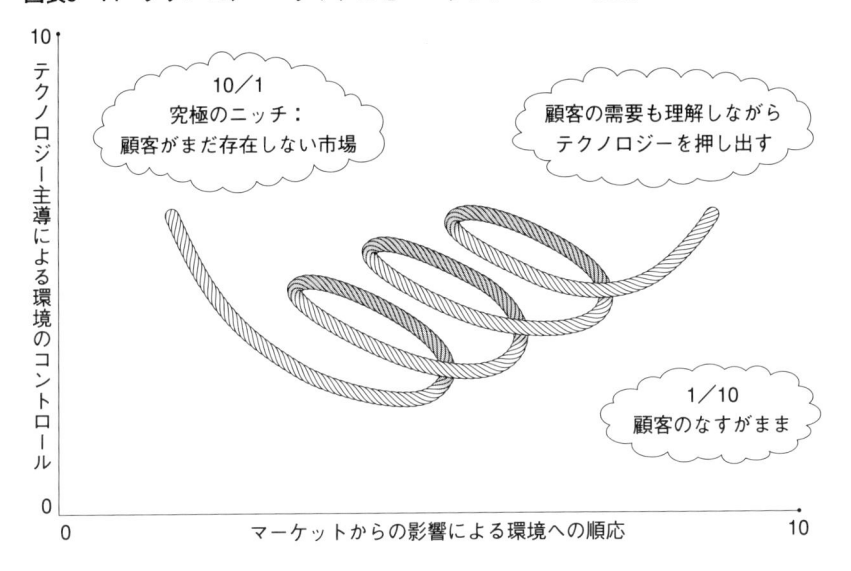

縦軸：テクノロジー主導による環境のコントロール（0〜10）
横軸：マーケットからの影響による環境への順応（0〜10）

- 10/1 究極のニッチ：顧客がまだ存在しない市場
- 顧客の需要も理解しながらテクノロジーを押し出す
- 1/10 顧客のなすがまま

を考えてから、あなたの海外のパートナーがどのくらいのスコアを出すかを考える。それから、どこにこのような違いがあるのか考えて、自問自答してみる。すなわち、「これらの違いがどのような緊張を生み出すのか」ということ、また、それにより、「これらの違いにより、どんなジレンマに自分は直面するのか」ということなどである。

　あなたはこういった違いについて認知しないかもしれない。あるいは、おそらく、あなたと他の人々は、お互いの違いに折り合いをつけて調整することがすでにできているかもしれない。これらの違いが発生するところで、あなたは各種のジレンマに直面するのである―そして、それらの違いと折り合いをつけなければならない。著者グループはその方法論を、その解決への道筋として提示している。

〈訳注〉
1) ドイツ語の"Du"、"Sie"はいずれも英語の"you"に当たる二人称だが、"Du"は親し

3．何が動機づけるのか，目標は何であるかといった全体としての組織内における従業員の関係

著者のモデルでは，2つの関連する価値基準から抽出した4つの相反する企業文化に分類している。
　―職務（タスク）中心か人間中心か（高いか低いかの形式化）
　―階層的か平等的か（高いか低いかの集中化）

これらの価値基準を組み合わせることにより，図表4－1に示されるように4つの実効性のある文化のタイプに分類している。

企業文化の究極の類型化

> **孵化型**
>
> 　この企業文化はまるでリーダー不在のチームである。この個人志向の強い企業文化には，集権化と形式化の程度が最も低いという特徴がある。この文化では，関係するすべての個人の個性化が最も重要な特徴の1つであり，組織はその構成員のニーズを満たすためだけに存続する。孵化型組織にはその目標を超えた固有の価値観が存在しない。組織は組織内の個人の特定のニーズに対する道具のようなものである。このタイプの組織における責任と職務は，構成員の好みやニーズに従って振り分けられる。組織構造は緩やかで，柔軟性があり，他の構成員の価値観やニーズに対して心服したり，関心を持つことにより，組織がコントロールされている。
>
> 　その主な特徴は，
> ・人間志向
> ・個人の力
> ・自己実現
> ・自分自身に対するコミットメント
> ・プロとしての認識

誘導ミサイル型

この職務志向の文化は、低い集権化傾向と、高い形式化傾向を有する。この合理的な文化は、その理想的な形態として、職務とプロジェクト志向傾向をもつ。「適材適所」で「仕事を遂行する」ことが、最も好まれる表現である。組織における関係性は、非常に結果志向であり、合理的で機能的な考えを基本としており、関与する人間の特定の機能的側面に限定される。

実績と実効性が、権威、社内手続、人間を超えて重視される。権威と責任はその資格を持つ者に与えられ、仕事の性格が変化するにつれて、素早く変化する。誘導ミサイル型文化においては、目的の達成如何ですべてが判断されるのである。

組織のマネジメントは、大抵、問題をうまく解決するための継続的なプロセスとしてみなされる。マネージャーはチームのリーダーであり、その手中に絶対的な権威を持つ部門単位の指導者である。この職務志向の文化は、柔軟性に富んで、ダイナミックであるため、極めて適応度は高いが、反面、管理が難しい。マネジメントとコントロールが分散されたスタイルのために、コミュニケーションの道筋が簡素化している。職務志向型文化は、極端な変化に対して、素早い反応ができるように工夫されている。それゆえに、マトリックス型やプロジェクト型の組織が誘導ミサイル型組織に適した形態であるとされている。

その主な特徴は、
・職務志向
・知識・専門性の能力重視
・役割に対するコミットメント
・目標管理制度
・能力給

家族型

家族型文化は、高い権限の集中化と、低い形式化の特徴を有する。一般的に、個人に依存する傾向の強い組織であり、圧倒的な権限に依存した組織である。

このタイプの組織の従業員は，家長の役割を果す父親や母親に集権化された権限を中心に据えて相互に影響しあって仕事をしている感じである。組織の権限は，くもの巣の蜘蛛のように組織を動かしている専制的なリーダーに強く依存している。

ルールもあまり明確ではなく，あまり官僚的ではない。組織を構成する人々は権限の源である組織の中核に近づきたがる。そのため，組織内の風土は非常にうまく操作されており，多くの術策がめぐらされることがある。この政治的な組織構造では，階層的な区別の第1の理屈は，権限と地位の階級的な区別をつけることである。

その主な特徴は，
- 権力志向
- 個人的な関係
- 起業家的
- 地縁・血縁・信頼
- 個人の権限

エッフェル塔型

この役割志向の文化は，形式化と集中化の高さに特徴がある。それを端的に表す言葉として，「エッフェル塔」と命名されている。エッフェル塔は，威厳を持ち，がっしりとそびえ立っている。組織は，ルール，合法的な手順，与えられた権限や責任に基づいて統制される。官僚制度と高い形式化によって，組織は実に融通が利かない状態になっている。権威に対する尊重は，役割の地位やステータスに対する尊重をベースにしている。そのポジションそのものが尊重の対象であり，その地位にある人が誰であるかには関係がない。

非常に個人的な側面の強い家族型と違って，エッフェル塔型組織の構成員は，普遍的に適用できるルールや手順に対して，絶えず従わなければならない。従業員は非常に精緻で，細かいことを要求される。組織を管理する過程で，秩序と先を予見できることが高く評価される。この役割志向の組織では，従業員にとっては義務が非常に大切である。それは組織が強要する義務ではなく，自ら

> が自らに対して感じる義務である。
>   変化のための手順は複雑であり，その対応は非常に遅い。
>   その主な特徴は，
> ・役割志向
> ・地位の権限と役割
> ・職務記述書・評価の明確化
> ・ルールと手順重視
> ・秩序と予見性の高さ

著者グループの企業組織文化アセスメントプロフィルによる企業文化分析

　変化に対応する過程で，現在組織運営されている現状の組織文化を調査分析することは非常に大切なことである。キャメロン（Cameron）とクイン（Quinn）（1999）は「不幸にも人々は，異文化環境に置かれて自らの文化が試されて，新しい文化を体験し，さらに例えばフレームワークやモデルを通して自らの文化が明らかにされるまでは，自らの文化さえも認知していないのである」と述べている。組織文化の評価プロフィル（Corporate Culture Assessment Profile－CCAP）の質問紙は，著者グループが示した4種類の企業文化のモデルを活用して，組織文化を測定し，評価することができる。すなわち，読者は「ビジネスのための文化のWebサイト（http://www.cultureforbusiness.com）」でCCAP測定ツールの質問のいくつかの例を試すことができる。CCAPの質問紙は，統計的な信頼性と一貫性を非常に高いレベルを保つために，絶えず改良を重ねてきている。これにより，重要なマネジメントの価値観に沿って，現状と将来の理想とする価値観を調査するために，この測定ツールを活用している。戦略的なアライアンスとM&Aに対しては，意欲的なパートナー間の企業文化を描くのである。著者グループの考える4つの企業文化の類型は，ハリソン（Harrison）からハンディー（Handy）やキャメロン，クインに至るまでに立証された研究に基づいて作成されたものである。

　これらの研究のお陰で，マネジメント側は現状の企業文化の価値観を評価し，支持すべき望ましい組織の価値観と現状の企業の価値観とを比較することがで

きる。組織文化の評価プロフィル（CCAP）は，リーダーシップのスタイル，意思決定，ビジネスモデル，人々がチームで働く方法に至るまでのいくつかの基本的な組織プロセスを測定できるように工夫されている。

　実際の組織は，究極の類型化された形に，正確かつ完全に当てはまりはしない。これらのプロフィルは，それぞれの類型に何らかの関連があるかどうかを見るものである。実際の組織プロフィルの多くは，多かれ少なかれすべての要素と何らかの関連がある。重要なのは，どの要素が一番強いのか，あるいは4つの類型のうちのどの2つの要素が影響しあっているかを見つけることである。

　質問紙の結果を3方向から調査するために，その中心的役割を果たす人材（リーダー，チェンジ・エージェント，内部のコンサルタント）に対して，対面でのインタビュー，あるいはウェブ上のWebCue^{TM}を使った双方向のやり取りが行われる。さらに著者グループは，シニア・マネジメント層に対して，彼らが現在の自分の組織をどんな動物，自動車，有名なテレビのキャラクターなどになぞらえるかを聞き，その理由も説明させることにより，「誘導的な形での空想力」を働かせることを試みた。こういった様々な情報を集めつつ，結果として中心人物へのフィードバックレポートの中で反映されるように，彼らの組織の中心的な文化プロフィルの形を描いていくのである。

　65,000件のデータベースからの研究結果によると，最も支持される現在の理想とされる企業文化は，タスク志向の強い誘導ミサイル型であることが明らかとなっている。しかし，手持ちのサンプルサイズの違い（オランダ，アメリカ，イギリスが最大であるが）を調整してみると，その分散傾向が顕著であることがわかるのである。

　現在と理想的な企業文化がどんなものであるかは，幅広い要素と関係があると見られる。詳細なレベルでは，産業別，機能別，世代別，性別，革新を推進できる特質別に，それぞれ共通に発生する差異が存在する。

　企業文化のモデルは，第2章と第3章で説明した個人の7つの価値基準と密

接な関係が存在する。家族型，または孵化型の従業員間の関係は関与融合型であり，エッフェル塔型と誘導ミサイル型では，より関与特定型の傾向が強い。家族型と孵化型はステータスを属性に求める傾向が強く，一方で誘導ミサイル型と孵化型はより実績傾向が強い。

エントロピー（不確実性）が増加する（重要度が低下する）順序においては，次のような現実と理想像のジレンマが著者のデータベースからしばしば読み取れることができる。

現在	理想	
誘導ミサイル型	孵化型	シナリオ①
エッフェル塔型	誘導ミサイル型	シナリオ②
家族型	誘導ミサイル型	シナリオ③
エッフェル塔型	孵化型	シナリオ④
家族型	孵化型	シナリオ⑤
孵化型	誘導ミサイル型	シナリオ⑥

組織文化の差異をコントロールすることは，次の２つの基本的な質問に対する答えと関連している。
１．現状の企業文化と理想とする企業文化の差異から生じるジレンマとは何であるか。
２．それらのジレンマをどのように調和して折り合いをつけるか。

著者グループのコンピュータ・ベースのインタビュー・ツール—WebCue[TM]を使用するに当たり，多くの顧客企業のメンバーに，彼らのジレンマを明らかにし，明確に表現するために，協力を依頼してきた。著者グループは今までに7,500以上のそういったデータを収集してきており，それらを多くの類似したジレンマに分類してきた。予想した通り，ジレンマの類型化の差異は，異なったシナリオを生み出すのである。著者グループは，実際の顧客との関係の中で

変　容　②	
現　状	理　想
エッフェル塔型	家族型
典型的なジレンマ	
リーダーシップ	権威は個人的にリーダーに帰属するのに対して，その役割に帰属する
折り合いの調和	リーダーシップはマネージャーが管理する技術的な活動の政治的な側面を理解する必要がある。彼らは人間関係を大切にするリーダー（奉仕型リーダー）になることを求められる
マネジメント	政治的で誰を知っているかという権威に対して，専門性と信頼性に対する権威
折り合いの調和	重要なシステムや手続きに重きを置く。それらがマネジメントプロセスに効果的であるから
報酬	長期的な忠誠心を評価するのに対して，信頼性のある職務遂行により，自らの専門性を高めることを評価する
折り合いの調和	構成員は専門能力と確実な役割を遂行することにより，同僚たちの権威やステータスを向上させることに適用させる

変　容　③	
現　状	理　想
エッフェル塔型	孵化型
典型的なジレンマ	
リーダーシップ	権威の否定に対して，権威はその役割によって決まる
折り合いの調和	彼らの革新的な成果の信頼性に責任をとる専門家を確保する
マネジメント	革新について学ぶ力に対して，専門性と信頼性に対する力
折り合いの調和	組織を分権化させ，より学習のループに載せる。そこでは役割が非常に明確に述べられ，組織そのものが学習と変革を目的とするように意図する
報酬	自己開発といった目に見えない報酬に対して，信頼性のある職務遂行により，自らの専門性を高めることへの報酬
折り合いの調和	専門家たちは，自らの知識システムや手順を，明確に述べられた変革の成果を出すために活用する

誘導ミサイル型組織文化からの変容（変容④―⑥）

　周囲の文化がこのタイプの論理とかみ合わないときに，有効なアプローチを見つけ出すことは非常に難しい。『歩行者の命に問題があったか』で著者（Trompenaars）は次のことを述べている。ニューヨーク州のロチェスターで非常に成功した仕事を立ち上げたイーストマン・コダック社のアメリカ人マネージャーの事例を考えてみよう。ヨーロッパで同じやり方を取り入れようとした後で，彼は肩を落として嘆いていた。彼は，ヨーロッパを全部回ってみて，多くの国々では，みんなが支援してくれるように見えたのにと述べながら，フランス人とドイツ人たちの柔軟性のなさについて不満を表現していた。ドイツ人たちは，手順の詳細細部に至るまでやそれらが将来の戦略にどのように結びつくのかを知りたがり，プロセスに関しての問題を抱えていた。フランス人は労働組合のことを心配して，彼らをどのように動機づけるかに努力してきていた。しかし，彼はすべての人がアメリカのアプローチに同意していると考えていた。そのアプローチがどのように実施されているかをチェックするために3か月後に彼が戻ったとき，フランスでもドイツでもこの件に関して，何も始まってはいなかったのである。

　異文化の問題に少しでも敏感な者であれば，このことは予測してきたであろう。ドイツ人はしばしばビジョンを信じるが，そのビジョンを活性化させる適切な組織，システム，手順がなければ，何も起こさないであろう。ドイツ人は「押しの文化」を持っている。ある方向性にドイツ人を向かわせることはできる。しかし彼らは，特に北米の人々と比較した場合，他動的にある特定の方向にそう簡単には「引っ張られ」ないのだ。

　この例が，1つの企業文化から別の企業文化への変容は直線型でもなく，1つの方法だけではないことを示している。誘導ミサイル型から孵化型への変容は，結果を出すために再び誘導ミサイル型に戻ってしまう不安が残るステップである。理想的な企業文化として，2つの相反する文化が折り合いをつけるために「誘導型孵化組織」と表現することがよりあてはまるであろう。そのような循環する変容については第5章で述べられている。

変容 ④	
現　状	理　想
誘導ミサイル型	孵化型
典型的なジレンマ	
リーダーシップ	創造的な個人の育成に対して職務別の非人間的な権威
折り合いの調和	最も高い権威づけは、自らのゴールの主要目標として自己革新と学習を上げるマネージャーたちに与えられる
マネジメント	学習能力に対して、職務に対して一貫性のあるゴール目標
折り合いの調和	学習と革新を仕事の一部とする
報酬	自己開発といった目に見えない報酬に対して、仕事を完了し、手に入れる目に見える報酬
折り合いの調和	明確に記述された革新的なアウトプットにより職務を表現する

変容 ⑤	
現　状	理　想
誘導ミサイル型	家族型
典型的なジレンマ	
リーダーシップ	ある特定のリーダーに個人的に帰属する権威に対して非人間的な職務に帰属する権威
折り合いの調和	最高の権威は、繊細なプロセスの内在化を自らのゴールの最優先の目標とするマネージャーたちに与えられる
マネジメント	政治力や誰を知っているかということに対して一貫性のある職務目標傾向
折り合いの調和	政治的にセンシティブな部分を職務の一部とする
報酬	長期間の忠誠心に基づく報酬に対して職務遂行度による報酬
折り合いの調和	職務を曖昧に表現される長期的な目標によって表現する

変容 ⑥	
現　状	理　想
誘導ミサイル型	エッフェル塔型
典型的なジレンマ	
リーダーシップ	ある役割に帰属する権威対して職務に帰属する非人間的な権威
折り合いの調和	最高の権威は専門性を発揮することを最優先の目標とするマネージャーに与えられる
マネジメント	専門性や信頼性に対して一貫性のある職務目標傾向
折り合いの調和	信頼性のある専門性と長期間の企業へのコミットメントを職務記述書の一部とする
報酬	確実に職務を遂行する専門性を高めることに対して最低限の貢献
折り合いの調和	専門性や信頼性を適用することにより、職務を表現する

孵化型組織文化からの変容（変容⑦－⑨）

　今日，世界のビジネスの90％が，個人の創業者が創造してきた非公式で属人的な傾向の企業風土から培われたものである。そのために，このような孵化型企業文化からより形式化され，非人間的な要素を持った他の企業文化へ移行することは実によくあることである。すなわち，家族経営によるビジネスの経営者が，事業を始めて，成長するときに，一般的に2つの取るべき道があることに気がつく。まず，ビジネスに家族のメンバーが加わることにより成長する。つまり，次のようなジレンマが存在するのである。「一方では人は表現や行動が自由である創造的な環境を欲する反面，将来にわたり長期間関係を構築できる権威に対して何らかの秩序と尊敬が必要である。」孵化型企業文化から家族型に至る主要なジレンマは，属人化した権威に対する尊敬とそれに付随する忠誠心と関係している。

　もう1つの道は，孵化型企業文化から誘導ミサイル型企業文化への変容である。ここでは形式化が1つのジレンマとなる。「一方では非公式で人間的な学習環境を好むが，他方で市場に提供する製品やサービスを手に入れる必要がある。」孵化型企業文化は，その構成メンバーの学習や成長に焦点を当てるが，誘導ミサイル型の企業文化では，この学習は，収益の増加に結びつかなければならない。孵化型の企業文化の価値は，企業の創業者によって継続的に表現されるが，一方で誘導ミサイル型における価値はしばしば形式化され，ポスターやそれと類似する体系化されたメディアで表現されるのである。

変 容 ⑦	
現　状	理　想
孵化型	誘導ミサイル型
典型的なジレンマ	
リーダーシップ	職務に帰属する非人間的な権威に対して創造的な個人の成長
折り合いの調和	最高の権威は革新と学習をその最優先の目標とするマネージャーに与えられる
マネジメント	一貫性のある職務目標傾向に対して仕事の充実度と個人の成長に重きをおく
折り合いの調和	革新と学習を職務記述書の一部とする
報酬	職務遂行結果への外面的な報酬に対して自己開発に対する内面的な報酬
折り合いの調和	職務を明確に表現された革新目標によって表現する

変 容 ⑧	
現　状	理　想
孵化型	家族型
典型的なジレンマ	
リーダーシップ	権威があるリーダーに個人的に帰属しているのに対して権威の否定
折り合いの調和	リーダーに学習と創造性の重要性を認識させることにより、リーダーの支持を得る。彼らはそのことにより学習することの面白さを身に着ける（奉仕型リーダーとなる）
マネジメント	政治力と誰を知っているかの強みに対して変革に対する学習力
折り合いの調和	現在の学習成果から最善のプラクティスを引き出すために、現在の学習環境による達成をきちっと評価する、またその成果と各個人の評価を，記録として社史に残す
報酬	長期的な忠誠心に対する報酬に対して自己成長の内面的な報酬
折り合いの調和	個人は会社に対する長期間雇用に対して説明責任を求められる

変 容 ⑨	
現　状	理　想
孵化型	エッフェル塔型
典型的なジレンマ	
リーダーシップ	権威がある役割に帰属していることに対して権威の否定
折り合いの調和	変革者はかれらのアウトプットに対して責任がある
マネジメント	専門性と信頼性に対して変革に対する学習力
折り合いの調和	組織を分権化させ，より学習のループに載せる。そこではその役割が非常に明確に述べられ、組織そのものが学習と変革を目的とするように意図する
報酬	信頼性のある仕事をすることで専門性をより高めることに対して自己開発に対する内面的な報酬
折り合いの調和	創造性と知識を活用して自らの創造性をより発揮できるようになる信頼のあるシステムや方法を構築する

家族型組織文化からの変容（変容⑩－⑫）

このケースは，欧米企業がグローバル化の過程の中で多く経験するジレンマであることが観察されている。例えば，アメリカの組織が，シンガポール人によるマネジメントは意思決定に非常に時間が掛かりすぎると考えるような場合を見てみよう。アメリカ人は，「すべてコンセンサスを得るのはすばらしいが，緊急を要する場合はうまく機能しない」と考えるであろう。一方でシンガポール人は「アメリカ人はあまりにも性急に，あまりにも考えずに物事を決める傾向がある。そのことで，実施段階で問題が起こる場合が多い。その理由は関与する人間があまりにも少なすぎるのが原因の一部である」などと表現する。

反面，「自分について来い型」の「即断型のマネージャー」を良く見てきている一方で，著者グループはアジアのマネージャーは全階層のマネージャーのコンセンサスを得るために，あまりにも時間を掛けすぎるのも見てきている。

これらの両極端のケースに折り合いをつける組織文化のパラダイムは，前述の通り，奉仕型マネージャーの考えで的確に表現できる。この人物の中にラテンとアジアの文化に共通するその特徴を見てその両親のルーツを想像するであろう。彼は（まず男性と決めつけることが多いが），彼がチームをリードする方法，すなわち彼の同僚の職務を厳格さと明確さで形式化し，特定化することによって自らの権威を身につけるのである。

図表4-4　忠誠心と効率とのジレンマ

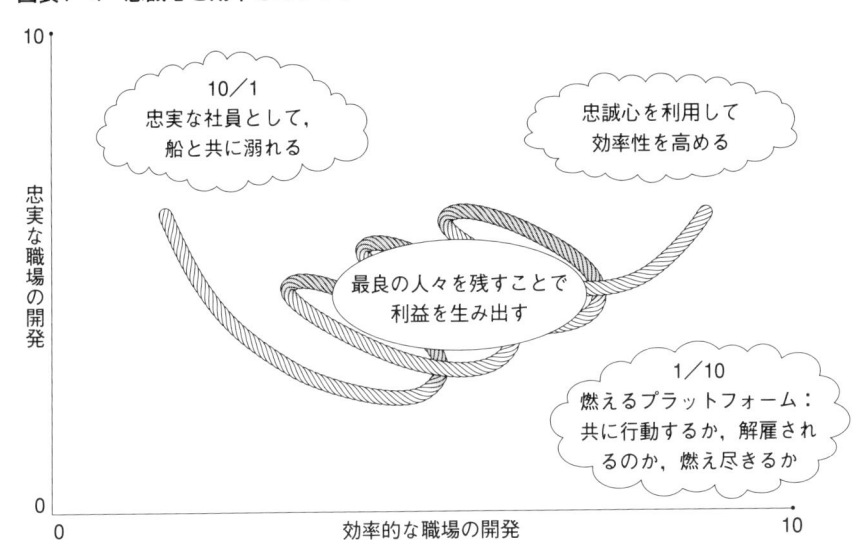

```
10 ┤
   │  ┌─────────────┐              ┌─────────────┐
忠 │  │   10/1      │              │ 忠誠心を利用して│
実 │  │ 忠実な社員として,│              │ 効率性を高める │
な │  │ 船と共に溺れる │              └─────────────┘
職 │  └─────────────┘
場 │         ┌──────────────┐
の │         │ 最良の人々を残すことで│
開 │         │  利益を生み出す   │
発 │         └──────────────┘
   │                              ┌─────────────┐
   │                              │    1/10     │
   │                              │ 燃えるプラットフォーム：│
   │                              │ 共に行動するか,解雇され│
   │                              │ るのか,燃え尽きるか │
 0 └─────────────────────────────────10
   0          効率的な職場の開発
```

家族型文化においては普通のことであるが，その運営を改善する努力を怠らないマネージャーに対して最も尊敬の念を示すことにより，韓国人のステータスに対する強い考え方を理解することができたのである。韓国人たちは組織の職制上の権限を有する者がそれを適用するときにのみ，その達成目的のプレッシャーに応えるのだ。

　このプロセスで，ポールソンは個人的なリスクをあえて犯した。彼が存続プロセスの重要性を韓国人スタッフに伝えたとき，彼は組織に1年の猶予を与えた。一方で彼は，目に見える形で業績が改善されないのであれば，6か月で組織を閉鎖することを本社が真剣に考えていたことを知っていた。韓国人スタッフに工場の再建に関して，信頼と尊敬を基礎として（1年間はぎりぎりの最低の期間であったが）会社を再建するために彼を支援するよう依頼することにより，彼は韓国人スタッフを刺激し，6か月以内に最初の意義ある改善を果たすことができたのである。彼のCEOとしての属性ステータスが，ステータスを目標達成のための基盤としてみる韓国人スタッフを，CEOとしてのステータスに帰属させることに役立ったのである。彼以前のアメリカ人のマネージャーたち

は，韓国の組織やスタッフの属性的なステータスを十分に考慮することなしに，ただ単に実績を挙げるように指示していたのだ。5年後この子会社はまだ韓国に存在しており，アメリカ本社の表彰を受ける模範企業の1つになっている。

事例　現状の企業文化：誘導ミサイル型
　　　　理想的な企業文化：孵化型

伝統的な銀行とその個人資産のマネジメント
　今世紀初頭のマーケットの不安定さにより，主要銀行はその戦略を再考せざるをえなくなった。
　構造別戦略と国際化戦略の進展で，彼らの伝統的な構造が何らかのプレッシャーを受けるようになってきた。古いイギリスの銀行の1つ，SUL銀行の典型的な銀行マンでCEOであるジョン・ホッジは著者グループと会見してくれた。我々が入るや否や，彼は話し始めた。
　「驚くべきことに，企業環境の変化によりこの組織が今多くの変化の必要性にさらされているということである。私の主な心配は，我が社の個人資産のマネジメントの問題である。設立以来150年が経過しても，銀行はこんなに短い期間に，これほど多くの変化を経験したことがない。まず第1に，かつては顧客の90パーセントをイギリス人，イングランド出身者が占めていたが，現在では，わずか55パーセントを占めるにすぎない。EU統合と共に，マーケットの国際化が進んだことがその原因である。第2に我々の顧客は短期的な取引を望んでいる。そのために多くの新しい資産が1990年代後半に創設され，我々の顧客の大多数が自分自身の資産を作ってきたように，わが銀行の個人資産部門に顧客の資産を作るように希望してきた。このタイプの取引は，我々が馴染んでいないものだ。こういった顧客がどのような洋服を着ているかを見るだけで，我々はそのカジュアルなスタイルには合わせられない。我々は，我々が今何をしようとしているのか，むしろ過去に何をしようとしてきたかを詳細にわたって表現しなければならない。すなわち長期的な視野で築かれた信頼性が大切である。そのためには各種の検証を重ねることが大切である。
　このような企業環境の変化に対応して，我々はアメリカから個人資産のマ

ネジメント銀行制度を輸入した。我々は先行してスタートを切った。なぜなら，多くのシナジー効果を今後に期待できたからである。しかしながら，我々は今までの既存の顧客との間で陥っているのと同様の問題に陥っていることに気づき始めた。この新しい銀行のPWEALTH社は，我々の多くの伝統的な顧客と融合しないように見えた。しかし，私が皆さんを招いたのは，我々の裕福な顧客の多くを失い始めているからである。彼らは伝統的な価値のあったSUL銀行が変化し，馴染めなくなってきたと不満を言っている。我々の意思決定の道のりがあまりにも長く，ホール・セールとリテール間のシナジー効果を期待できないのである。要するに我々の企業文化は，我々が働いている新しい国際環境に適切ではないのである。どのように我々を助けてくれますか。」

　このタイプのケースは，馴染みがないわけではない。組織は，買収によってマーケットの問題を解決しようとする。最初は価値が付加されるが，数か月後に2つの企業文化が出会い，ぶつかり合うのが明らかになる。大きな組織の方に新しい組織を同化させることは，最悪の事態を引き起こしかねない。それがそもそもその会社を購入した理由ではない。しかし，このようなことがなぜこれほど多く起きているか。異なった価値観がぶつかり合うのではなく，シナジー効果をあげる方法でその統合を管理することは可能である。

　著者グループは将来のビジョンを開発する必要はなかった。なぜならば，SUL社もPWEALTH社も自らがすでに所有しているものに非常に満足していたのである。このことは次のように要約できる。

SUL社の将来の見通し
　SUL銀行は変革については野心的な組織である。他に対する優越性を通じて，顧客や他の人々の各種の要望に応えるために，顧客に対して，自らができるすべてのことに継続的な改善を行うことに傾倒している。彼らが成功しているのは，素晴らしい実績としっかりとした評判によるものである。彼らは持続可能

な発展を通して，自らの価値基準を短期的な利益から長期的な価値に変更をしようとしているのである。長期的な株主の価値はその成功の究極の目的である。

　自社の価値観を強調し，そのビジネス原則を明確に表現し，意見交換とその透明性を強調することにより，我々の顧客，少なくとも株主と相互にメリットがあり，長期的な関係を構築することに貢献するのである。

PWEALTH社の将来の見通し

　我々は資産管理の分野において，特殊なサービスを提供することにより，トップの実績や情熱を通じて，我々の顧客と持続可能な関係を構築することを目的としている。

　両社とも既存のビジネスに満足している現状から判断して，PWEALTH社はそのミッションのために，それほど多くの言葉は必要ないのは明らかである。むしろ結果としてイギリスの普通銀行とアメリカの特殊金融機関との間の文化的な差異を初めて示すことになった。このことは我々が組織上の核となる両社の価値観（コア・バリュー）を比較するとき，明確に示されたものである。両社とも過去の業績に対しては，まったく満足しているのであった。

SUL社のコア・バリュー

　4つの企業価値がSUL社のビジネス原則と活動の特徴である。
- 誠実さ：何よりも，世界中で社員が実行するすべてにおいて誠実さをもって対応する
- チームワーク：顧客の利益のために世界中のスキルや資源を共有する
- 尊重：我々は個々の社員を尊重し，平等な機会と多様性のある対応からその強みを引き出す
- 専門性：我々は最高の専門性を追及し，抜きん出たサービス品質を提供することに専念する

> **PWEALTH社のコア・バリュー**
>
> 我々は次の価値を追及する。それらは我々の行動を導くものである。
> - 透明性：我々は我々が分かち合うすべてのものに対して開かれており，誠実である
> - 積極的な意見の相違：我々は社員が現状に満足せずにチャレンジすることを好む。我々は意見の相違を奨励するが，いったん意思決定がなされたら，我々はそれを忠実に守る
> - 革新的に行動する：我々は創造的な思考を評価し，新しいサービスの発展を促進する。我々は，自らの失敗から学ぶ
> - 起業家精神：株主との関係を発展させるために，我々は新しいアプローチや起業家的行動を奨励する
> - 商業的な最高の業績を提供する：我々はビジネスにおいても人材開発においても最高のレベルの商業主義を貫く

さて，両社が組織内で彼らの企業文化の点で何を作り出したかを見てみよう。

> **SUL社－エッフェル塔型**
>
> 本質：高い集権化の度合と共に，高い形式上の度合を有するのが特徴
>
> このタイプの文化は階層差が険しく，堂々としており，非常に強靭である。社内ルールシステム，合法的な手順，責任，役割の権利を通して統制が実施される。官僚制が強いので組織が硬直的。権威に対する尊敬は，職務役割のポジションやステータスをベースにして生まれる。専門性と関連する公式なタイトルが非常に評価される。
>
> 企業としては次のものを強く求める：
> - 規模の経済性
> - 専門性
>
> 企業としては次のものを維持する：
> - 職業に対する忠誠心

・幅広い行動分野における専門性
企業としては次のものは不要である
　・官僚的な雰囲気と煩わしい手順
　・タイトル
　・非効率な意思決定がもたらす手遅れ
　・終身雇用

PWEALTH社－孵化型

本質：人々が個人の成長を目的とするリーダーの存在しないチームの特徴
　この人間傾向の強い企業文化は集中化と形式化の程度が低いことで特徴づけられる。この企業文化では，すべての関係する個人の個人的側面が最も重要な特徴の１つである。組織はその構成員のニーズに奉仕するためだけに存在する。その構成員たちは職務に関連する学習や個人の自己開発によって動機づけられる。
　企業としては次のものを強く求める：
　　・早い意思決定
　　・自立したチーム
　　・多くの役割を超えた仕事
　企業としては次のものを維持する：
　　・意見の相違の可能性
　　・創造的で起業家的な態度
　　・継続的な学習
　企業としては次のものは不要である：
　　・政策における無秩序と一貫性のなさ
　　・同僚のしていることへの無関心
　　・英雄気取りの行動

　我々は両組織間の主な問題を議論し，最も重要な内容についてプレゼンテー

図表4−5　利益率−革新のジレンマ

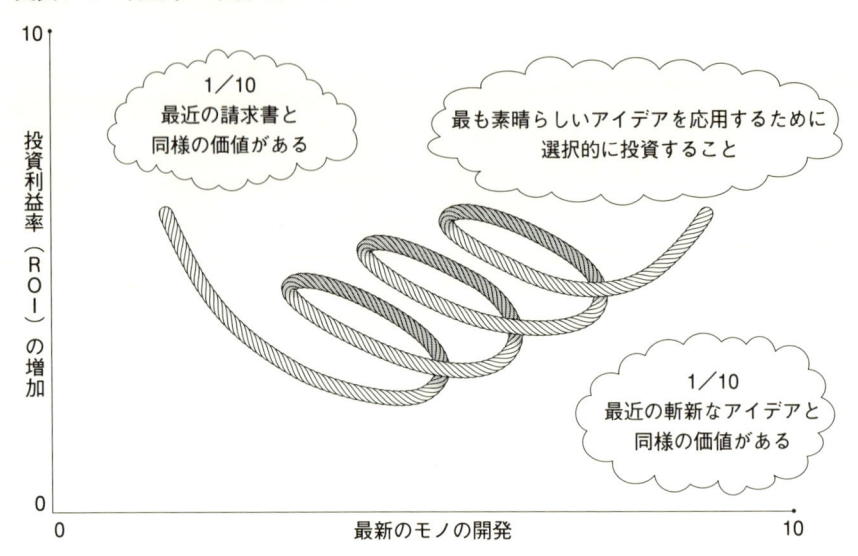

縦軸: 投資利益率（ROI）の増加 (0〜10)
横軸: 最新のモノの開発 (0〜10)

- 1/10 最近の請求書と同様の価値がある
- 最も素晴らしいアイデアを応用するために選択的に投資すること
- 1/10 最近の斬新なアイデアと同様の価値がある

どくバイアスを受けることがある。最も理想的なのは，ただ単にある新しい1つの企業文化への変化を強要するのではなく，一見，相反する異なった価値観を調和することが，達成可能になることである。

第5章

異文化間の変化と継続を管理する

戟@本書を通じて貫かれている一貫した原理原則をマネジメントの変革に適用するためには，従来の見識からモノの考え方を完全に変更しなければならない。伝統的な変革のプロセスでは，不満足な現状を，どのように新しい未来に転換できるかということを著者グループはしばしば問うてきた。しかし，いったん我々の新しい論理に基づいた方法で考え始めると，明らかに相反する価値観を統合することによって得られた創造性に富んだ成果には，驚くべきものがある。また，もし，組織が以前にあった形態に戻れるのであれば，マネジメントは失敗に終わらなかったであろうとは誰も表現してこなかった。

チェンジ・マネジメント（変革のマネジメント）そのものに関する幅広い文献を通して，多くの著者たちは変革へのアプローチを，ある者は人事システムの見地から，ある者は組織理論から，ある者は一般的なシステムの見解から，明確にして，分類してきた。

グッドステイン（Goodstein）とバーク（Burke）(1994) は，変化のレベル，変化の戦略，変化のモデル，変化の方法の観点から変化を議論してきている。変化は基本的に大規模な変化のレベルでも起こるし，あるいはそれより大きな変化が起こるのを微調整して，一連の小さな変化のレベルに変えても起こりうるものである。変化に対する戦略のタイプは個人の変化戦略，巨大組織で意思決定に関与する専門家集団の戦略，組織開発戦略，高圧的な戦略などを含

んでいる。コリン（Collins）とヒル（Hill）は［1999年にホード（Hord）により引用されているが］，より断定的なアプローチを採用している。

多くのそういった概念［1992年のセデル（SEDL）による別の方法の優れた批判的調査のような概念］は，変化に対する明確でかつ分析的な初期のフレームワークを無視してきたように思われる。

広く解釈すると，これらは次の通りである。
・部門を調整し直す
・人を調整し直す
または，
・組織を調整し直す

経験的合理モデルを強調する基本的な仮説とは，個人は道理をわきまえており，合理的な自己の利益に従うということである。このようにして，もし「好ましい」変化が提案されるならば，良い意思を持った人々はそれを採り入れるであろう。

権力による高圧的なアプローチは，合法性や色々なタイプの権力が影響を与える外部的圧力を使って個人や組織を変革させることを狙っている。力による高圧的なアプローチ戦略は，政治的，経済的，道徳的制裁を強調する。それから個人が「無理やり」変革を受入れるようにあるタイプの権限を使用することに焦点を当てるのである。1つの戦略は，非暴力の抗議とデモンストレーションである。第2の戦略は，変革を達成するために，政治制度を利用することである。例えば，州レベルの立法を通じて，教育政策を変更することなどがある［SEDL: Southwest Educational Development Lab（1992）］。

規範的な再教育アプローチにおいては，個人はニーズと利益を充足させることを活発に求めるとみられているとセデル（SEDL）は述べている。個人は来るものを受身で受けるのではなく，自らの目標を達成するために行動を起こす。さらに，変化とは新しい情報への合理的な形で応答するのではなく，むしろ，

より個人的な価値観や習慣のレベルで発生する。加えて，個人は社会的，組織的規範の影響を受けやすい。このモデルの包括的な原理原則は，個人は変化が起こる場合に自らの変化（再教育）することを自らの問題としてとらえなければならないことである。サシュキン（Sashkin）とエガーメイアー（Egermeier）［ホードにより引用（1999）］は，部門を調整し直すアプローチにおいては，「より個人的な支援が多ければ多いほど，またスキルがあって博識な現場スタッフからのサポートが継続して得られるほど，変革が長期間にわたって実施される可能性が高い」と結論づけている。会社の政治的な見解と密接にリンクしている人を調整し直すアプローチでは［同じく，ホードが引用（1999）］，焦点は従業員の知識とスキルをいかに向上させるかにあり，そのことで，彼らに自らの役割を達成させることが可能になる。組織を調整し直すことは，現在の企業文化から，理想的な企業文化への変容を意味している。サシュキンとエガーメイアーは彼らの研究で，これらの3つのアプローチのいずれも長期的な成功を収めてこなかったと結論づけていることは，留意すべきことである。

しかし，文化についてはどうであろうか

　変化に対するそのような異なったアプローチに対する処方の多くは，しばしば自民族中心的であり，それらが研究され，開発され，確認された文化においてのみ有効であるのかもしれない。ハリソン（Harrison）［ホードによる引用（1999）］は，想定される抵抗を乗り越えるためには，人事部門が主導して早期に介在することで成功した例を提示する一方で，それが彼の典型的な国民文化の中では機能するが，異なった産業，いうまでもなく地球全体で普遍な形に一般化することはまず不可能であると述べている。

　変革の主導権をうまくマネジメントできないことが原因で失敗したビジネスを取り上げて，説明することはさらに難しいように思われる。ベニス（Bennis）（1999）によると，組織の変革プログラムの失敗に関する2つの最も一般的な原因は，企業を再構築するに当たっての，シニア・マネジメントのコミットメントの欠如と，組織に影響を与える人間や企業文化のような「よりソフトな」面に焦点を当ててこなかったことに起因している。彼の見解によれば，変化しようと努力したにもかかわらず失敗した多くのケースには，より基本的な理由

が存在するのである。特に，多くの変化の専門家に方向性を示す基本的なビジョンが欠落しているような場合である。彼らの「自由闊達なビジョン」や人間は無限に完全であるべきであるという見解は，彼らが何とか解決策を求めるために推進しようとするが，実行の段階で崩れてしまうのである。なぜなら，それらの解決策は，現実の世界の複雑な問題に対応できないし，彼らは大きな組織の抵抗を受けるからである。変革のマネジメントを研究し，自らの発見や枠組みを幅広く出版してきているその道の専門家でさえも，自らが書いたことを自分の状況に適応しようとする時には失敗するケースが多い。コビー（Covey）は，彼の有名な『極めて有能な人々の7つの習慣』で1,300万冊を売り上げたが，彼の効率トレーニングの思想を取り入れようとした試みは失敗に終わった。

　コーラー（Kohler）（2000）は，企業活動のグローバル化がそのビジネス目標を実現することには成功していない一方で，資源や物質の消費や受益者間のアンバランスが増加することにより，人々や社会に強い影響を与えてきていることを懸念している。

　これらの多くの先行研究におけるモデルやその分析論文に基づき，何人かの著者たちが以下のように結論づけている。

1．変化は計画される場合とそうでない場合があり，進化的か改革的である場合がある
2．多くの変化は，企業の外的環境変化における影響によりもたらされ続ける
3．存続し，繁栄するために，組織は少なくともその外的環境が変化するのと同じぐらい早く変革し，適応しなければならない
4．変化はそれ自身，避けられない。そして実際の問題が変革のマネジメントとなる
5．変革のマネジメントのプロセスは組織の成功要因として極めて大切である。なぜならば，それは他のすべての組織プロセスに影響を与えるエージェントとして機能するからである
6．うまく管理されない変革は次のような結果に陥る
　・変革とその変革のマネジメント手法に対する否定的な組織体験

・将来のいかなる変革プログラムの実行をも遅らせる力
  ・組織業績とモラールに対する否定的なインパクト
  ・収支への否定的な業績インパクト
  ・危機に対する過剰な攻撃
7．変革マネジメントの現存するアプローチは次の通りである
  ・エグゼクティブのリーダーシップの変革
  ・中間管理職のリーダーシップの役割における変革
  ・マネジメント能力開発プログラム
  ・調査・フィードバックプログラム
  ・品質管理活動・TQM
  ・ビジネスプロセスの再構築（BPR）
8．世界や組織が変化するときに，ある１つの産業，競合者，人々，およびテクノロジーについての基本的な仮説の多くは看過され，実証されないままですまされてしまう傾向が強い

　我々の組織を21世紀型に変える準備をするに当たり，新しい変革のマネジメントプロセスは我々が長く考え続けてきた仮説を表面に浮上させ，再確認できるメカニズムを提供しなければならない。さもなければ，意味のある変化は不可能である。

変化の方法論，理由，目的

　従来の伝統的なアプローチでは，極端なケースにおけるいくつかの変化の問題を取り扱ってきている。ただ単にその「理由」のみに焦点を当てた場合には，その「目的」あるいは「方法論」を効果的に伝えていない。その「方法論」質問は，その診断が実施される，あるいはまったく行われないのかなどの手段，方法などをただ示しているだけで，それ故に求められる結論のことは考慮されないのである。結論に焦点を当てるのであれば「目的」の質問に焦点を当てなければならない。我々は何を達成しようとしているのか。どのような変化が行われなければいけないのか。何が決定的な成功の要因であるのか。どのような業績指標を我々は達成しようとしているのか。目的と手段とはお互いに関連があり，何が目的か手段かは他の物との関連性から決まる。このようにして，し

3. エッフェル搭型文化から誘導ミサイル型文化とその逆流

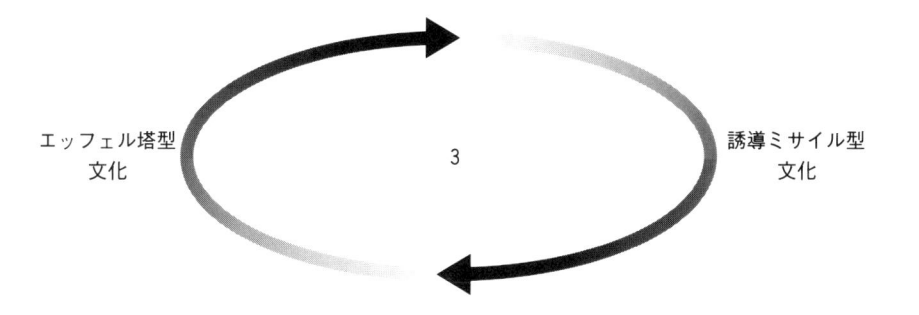

エッフェル搭型文化　　　3　　　誘導ミサイル型文化

　このシナリオでは，企業はその産業における水準に見合った，またはそれを凌駕して，偉大なる成功を収めてきた。しかし，マーケットが成熟していることもあって，顧客の立場が今まで以上に高まり，要求が強くなり，ライバル企業からカスタムメイドの製品やサービスを受けて，より高いレベルの個別のサービスを受けるようになってきた。その結果利益幅の縮小により，多くの潜在的な利益を確保するためには，より個別の顧客対応を迫られている。

　企業が得ているアドバイスは，主要顧客の特別なニーズを考慮して，マーケットが求める新しいニーズに対して企業が生産できるものを「引き出す」プロセスを開始できるプロジェクトチームを組織化することである。ある顧客は他の顧客より「戦略的」である。そして，顧客Xが今日その企業に求めているものは，すぐにその産業全体の基準になる可能性がある。プロジェクトチームは各部門にまたがって結成されて，企業の全部門が顧客の要求に集中して，それをより良く理解できるようになることを目的としている。各部門がプロジェクトチームによって情報を与えられ，さらに上位の実績に向かえるように「誘導」されることが重要なのである。円の循環がエッフェル搭型へ戻り，より良くなると共に，顧客が求めるモノが新しい基準となりうるのである。

　このプロセスの形の1つが，エッフェル搭型の労働者やマネージャーたちを毎週多くの時間をQC活動に従事させて，それによって少なくとも一時的にでもエッフェル搭型文化から誘導ミサイル型文化へ移行させることである。その後，

QC活動で培われた解決方法を工場の現場に持ち帰り，それらを日常の業務に活用していくのである。QC活動のタスクチームは無駄と重複を避けて，組み立てラインを再調整して，改善を行うことに集中する。彼らは自分たちの作業を評価するために「時間」を割き，彼ら自身の職務だけでなく，QCサークルの要望により生産現場全体のレイアウトさえ，変えることができる可能性があるのである。

このプロセスの別の形がQWLグループ（Quality of Working Life：労働生活の質）でも起こっている。このチームのミッションは，エッフェル搭型企業文化を人間味で溢れさせることにあり，その結果として，従業員の職場経験の質を向上させるのである。QWL活動は1970年代と1980年代に活発であった。しかし，現在では，その目的は，家庭や家族の要望と職場組織の要望との調和を図ろうとする仕事と生活のバランスに取って代わってきている。これは各グループ内の人々の間にかなりの交渉の余地を残すものである。例えば，フレックスタイムやワークシェアリングなどの問題が含まれている。2名あるいはそれ以上の従業員が1つの仕事を一緒にすることに合意すれば，Aさんが彼女の子どもとBさんの子どもを学校に連れて行き，Bさんが2人の子どもを午後連れに帰ることが可能になるのである。

古い心理学トレーニンググループ（T-Group）あるいは感受性のグループトレーニング（Sensitivity Group Training）[訳注3]は，エッフェル搭型の官僚的組織文化で仕事をしなければならない人たちを育成する試みであった。彼らの仕事を一時的に休眠状態にさせ，普段の型通りの仕事の文化には見られない誘導ミサイル型のグループスキルを身につけさせることを試みたのである。心理学トレーニンググループでは，時間を掛けて，メンバーたちが形成してきた文化と彼らのプライオリティーを反映させて，チームそれ自身が次第に発展してゆくという結果が現れた。

有名なホーソン（Hawthorne）の実験では，エッフェル搭型文化から誘導ミサイル型文化への転換が偶然のうちに行われた。何人かの若い女性が工場の現場から移動させられ，小さな実験グループの中に入れられた。そこで彼女たち

は，定期的なフィードバックと共通の目的を与えられて，研究者が高い生産性を追求して彼女たちに何を望むかを発見し，研究者が高い生産性を実現させるために彼女たちに何を与え続けてきたのかを理解したのである。グループ間の高揚した気分と一対一の人間関係もまた，モラールを非常に高めたのであった。

4. 誘導ミサイル型文化からエッフェル搭型文化とその逆流

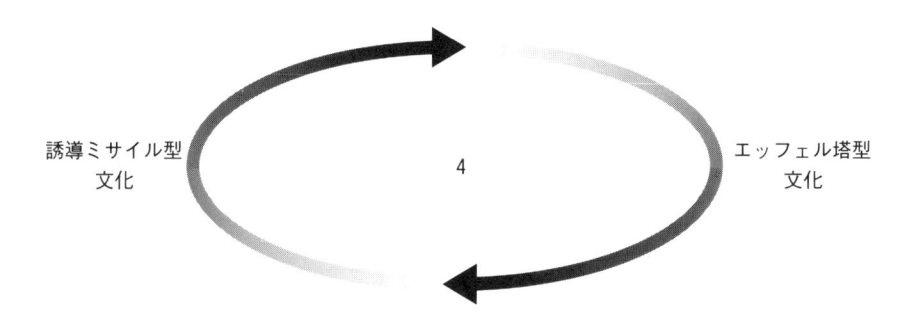

誘導ミサイル型文化 ⟷ 4 ⟷ エッフェル搭型文化

　何年かの間，この企業は，主要な機能別の代表者で構成されるプロジェクトチーム（製造，研究開発，マーケティング，セールスなど）を経由して，増加する複雑さと特注生産に応じることで成長してきた。このことがその企業が戦略的な取引関係や主要な顧客との連携関係を勝ち取るのに役立ってきた。しかし，その産業において容赦なく似たような製品があふれていく状態を無視できなくなり，また，数分の入力にもコストの高い専門家を使って入力する必要性が発生して，専門家のチームのコストなども無視できなくなってきた。

　日用品に対してますますたくさんの注文が発生し，標準的な顧客に対して，「ロールスロイス級」のサービスを提供するとしたら，企業は倒産するであろう。企業は変化が速く，安く，成熟したマーケットで，コストの安いサプライヤーとして生きていくための方法論を見つけ出さなければならない。企業が真剣に存続を考えるならば，標準化した商品で利益を上げるように道筋を立てなければならない。

　プロジェクトグループは，とにかく過度の要求をしてくる新しいマーケット

に，より良く合わせていく必要がある。いったんある層が商品に「うんざり」したら，金ぴかの商品ではなく，標準化した商品を世に出すときなのである。プロジェクトグループはルーティーン化して，反復を繰り返すあらゆるオペレーションをコストの安いプロセスに譲り渡すべきである。彼らのアドバイスは，コスト低減の方法においては貴重な価値がある。そしてプロジェクトグループはそのようなコンサルティングの質についてフィードバックをもらうべきである。

5. 家族型文化から孵化型文化とその逆流

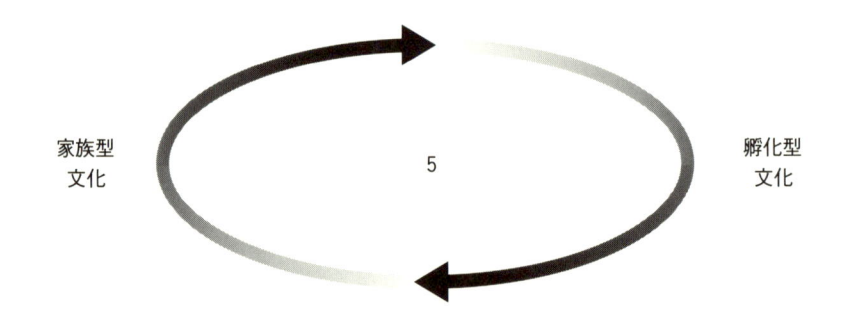

家族型文化 ⟳ 5 ⟲ 孵化型文化

　この企業はいつも親しく，楽しく，家族的で関係の深い文化を有している。そこでは創業者とその子孫が，従業員を含めた全体の「家族」に対して純粋な関心と愛情を持っていた。創業者は頭の良い起業家で，彼の伝統は持ちこたえられていた。彼の息子，甥，姪など全員が大学院に行き，本物の専門家になっていた。彼らは企業の中でよく知られているし，十分に能力もある。

　しかし，創業者はすでに70歳代であり，会社も一新する必要が出てきている。過去15年間これといった大きな変革は行われてこなかった。ビジネスは過去の連続で何とか生き延びてきている。あるグループの起業家たちからの提案は，発明には実績があるが規模と十分な資源に欠ける小さな企業を買収することであった。起業家たちは創業者や他の誰よりも高い収入を得る可能性のあるストックオプション希望している。彼らは企業の歴史や伝統をそれほど尊重していない。「創るか削減か」が最近の会議での彼らのメッセージであった。

問題は，起業家の雇用の問題ではなく，彼らの革新性がもし成功したら，会社全体を変えてしまうという事実である。彼らは将来についてのビジョンを創業者と分かち合い，創業者と彼らと創業者の家族は，それをすべての人と分かち合うことが求められている。彼らは彼らがどのように熱意を持って対応できるかをグループとして決定するであろう。

6. 家族型文化からエッフェル搭型文化とその逆流

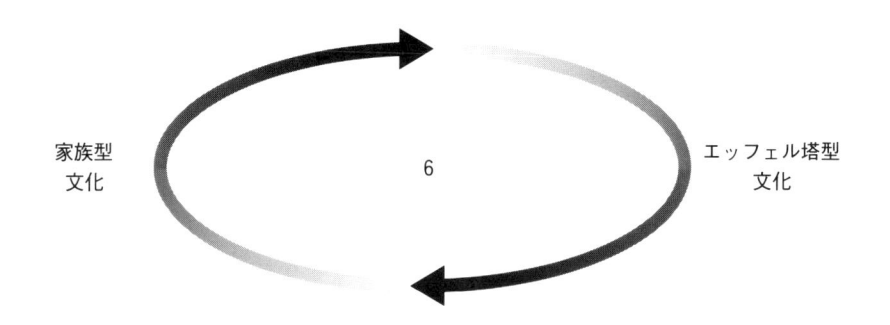

家族型文化 ⟲ 6 ⟲ エッフェル塔型文化

　企業が大きくなりすぎたために，人間関係のレベルだけでは従業員をつなぎ止められなくなるときが来る。我々の多くは，百人くらいの人の名前は覚えることができる。しかし，会社がそれより大きくなると，その時，インフォーマルな関係には限界が来る。お互いに知らない者同士は役割，職務，職務記述書を持つことが求められるし，人々が給与が支払われるに値する職務をきちっと実行しているのかどうか知るのは難しくなっている。一方「管理の範囲」が広くなりすぎると，官僚主義が入り込んでくる。

　今日に至るまで，役割と職務ベースの企業文化の「避けて通れない」到来に対して，何らかの処方箋を見つけ出した人はいまだに誰もいない。その文化は，どっぷりと家族型文化に浸かった状態からあまり拘束しない文化へと変革させるのである。1つの対応策は100人以下の小さなビジネスのユニットを作ることである。その結果，それぞれの「家族」が個人的な方法で管理することのできる「職務」を持つことになる。別の考えられる処方箋は，管理者と部下によって共同で定義づけられた「形式化」あるいは「導入」された職務記述書を持

つことである。大企業は家族の価値観をそのまま活かす方法をとっている。「兄弟関係」のようなメンター関係を維持する日本の企業にこのケースを見ることができる。モトローラ社はいまだに縁故者の就職を奨励している。1993年には，1人の従業員に対して50人の親戚が同じ社内で仕事をしていた。従業員の子どもたちが招待される夏のコンピュータ・キャンプは後々のリクルートの一環である。

　多くの大企業は，マイノリティーとの部署や機能を超えたメンター的なネットワーク関係を持つことを奨励している。その結果，弱い立場の人材が将来性のある人材とネットワークを持つことが可能になる。このことは，彼らに直接的な権威を示すのではなく，彼らと対話をするためのものである。

7. 家族型文化から誘導ミサイル型文化とその逆流

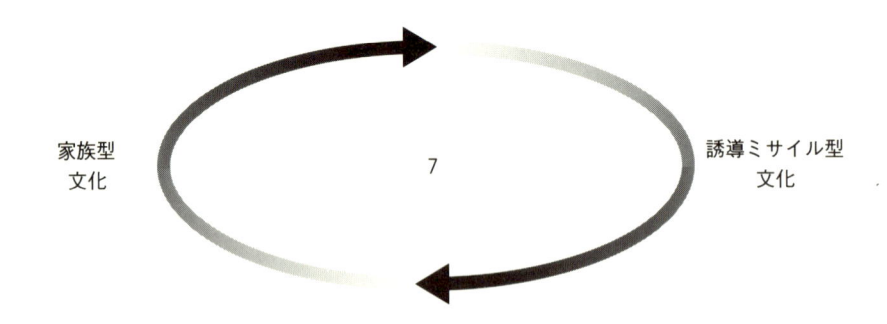

家族型文化　　　　　　7　　　　　　誘導ミサイル型文化

　この企業は非常に良い意味で家族経営の会社であるが，よりプロフェッショナルになるように求められている。創業者の息子と娘は良い人たちではあるが，彼らが毎年の業績で選抜されているとは誰も思っていない。実際，業績はこの会社では高いプライオリティーが置かれているわけではない。多くの顧客は会社と共に30年以上の取引き関係があり，彼らの企業と家族に対する忠誠心は深く，好意的である。しかし，企業環境は現在も変化しており，絶えず一貫した評価や専門家の判断を導入しなければならなくなってきている。さもなければライバル企業の技術に太刀打ちできなくなる。
　3つの実行委員会が結成された。それぞれのグループは創業者の家族が主管

ず極端な状態の間を行ったり来たりしているという考えに要約される。両方をうまくバランスとって上手に操作させなければならない。

〈訳注〉
1) オーストラリアには，日本の諺「出る杭は打たれる」に近い意味をもつ"The tall poppies in the field get cut down first by the harvester（背の高いケシは，野原では真っ先に刈られる）"という諺がある。
2) BPR: Business Process Reengineering　企業活動に関するある目標（売上高，収益率など）を設定し，それを達成するために業務内容や業務の流れ，組織構造を分析，最適化すること。
3) 感受性のグループトレーニング（Sensitivity Group Training）米国マサチューセッツ工科大学のグループダイナミックス研究所（Research Center for Group Dynamics），コネティカット州の人種問題に関する諮問委員会（Inter-Racial Commission），および米国ユダヤ協会相互問題委員会（The Commission on Community Interrelations of the American Jewish Congress）の3団体が，グループダイナミックスの学者K.レヴィンの指導の下に1946年に開催した成人教育担当者のためのワークショップの中で偶然に生まれたといわれている。"いま，この場"で起きている体験を素材として，グループワークを通じて，人間関係を学ぶ体験型学習。この教育方法は，1947年マサチューセッツ工科大学およびアメリカ教育協会（National Education Asociation）の協力により開催されたメイン州ベッセルにおける第1回のNTL（National Training Laboratory in Group Development）にて，Tグループ（T-group）または感受性訓練（Sensitivity-Training; ST）と名づけられた。

第6章
異文化間マーケティング

　マーケティングのプロは，多様性のあるマーケットで仕事をするとき，文化について考慮する必要性をますます認識するようになってきている。異なった文化圏に対してどのようにブランドを構築するのか，またグローバルマーケットに対してマーケット戦略をどのように構築するかについての方法論は，我々すべてにとって，今日の基本的な問題となってきている。異なった文化を認知，尊重，調和するという著者グループの提案する3つのRに基づいた方法論のフレームワークは，これらの問題を取り組む上でのアプローチを示すものである。

　マーケティングとは，顧客のニーズと彼らの欲する物の折り合いをつけるプロセスであると定義できる。マーケティング専攻の学生の多くにとっては，ある企業のマーケット・リサーチャーがアフリカに行き，彼らがヨーロッパでは好調な販売実績を上げている靴をアフリカで販売する計画を中止すべきであると上司に報告した話は広く知れわたっている。彼の上司は「なぜ」と聞くであろう。「そこアフリカでは，誰も靴をはかないから」と上司は報告を受ける。「そうか。だからこそ，そこで靴を販売する計画が必要である」と上司が答える。「私には理解できない」とリサーチャーが答える。リサーチャーは上司から「そこには巨大なマーケットが存在するが，競争がない」とだけ伝えられるだろう。多くのマーケティングのプロは，顧客自身は何が欲しいかについて知らないし，それゆえにマーケティングのプロはマーケットを創設しなければならない（プッシュ）ことを我々に教えてくれる。一方でマーケティングのプロは顧客のニ

ーズが何であるか見つけ出し，顧客のニーズを注意深く聞きとることができるように努力すべきである（プル）と述べる人々もいる。国際的な市場に進出すると，どうしても必要なものと欲しいものとの調和を取らなければならない必要性に今までと異なり，直ちに直面する。内部志向型の文化（アメリカのような）では，まず技術主導型の"押し（プッシュ）"でスタートして，後で顧客ニーズに結びつけようとするであろう。一方，日本人はまず最初に顧客のニーズに耳を傾けて，顧客のニーズに大いに"引かれる（プル）"傾向が強く，そのことが後になってテクノロジーの発展に寄与してきている。

　この章の中心的な部分に入る前に，文化の違いの基本レベルにおいてさえ，いまだに基本的な間違いがしばしば発生することに注意する必要がある。これらの多くは言語，宗教，当たり前の挨拶などから発生する。ある言語において，すでに使用されている製品名が，他の言語では異なった意味をもつ可能性がある。ある文化における広告，シンボル，ジェスチャーなど（例えば，人差し指と親指）は別の文化ではまったく異なった意味をもつ可能性があるということである。西欧文化では赤は危険の意味を表すが，中国人向けの製品では，異なった意味を伝えている。すなわち，中国では赤は成功の意味を表す。同様にマーケティング・プロモーションのための黄色は，ある特定の文脈で使用されるとアラブ人にとっては不快な感じを与えるが，西欧社会では，黄色は新鮮さや夏を伝えるものである。さらに，ビュッフェ・ランチ付きで大勢を招待する新商品の発売日をラマダン（イスラム教の断食月）中に設定するのは適切とは言えないであろう。

　これらの顕在化した明確な文化的側面以上に大切なことは，まったく同じ製品やサービスに対して異なった文化がそれぞれに伝える異なった意味合いから生じる微妙な差異である。アメリカの人々は「他人に邪魔されることなく」好きな音楽を聴くことができるようにソニーのウォークマンを購入する。一方，中国人は，「他人に迷惑を掛けることなしに」好きな音楽を聴くために同じ商品を購入する。製品は，技術的には同一だが，購入動機は異なっている。なぜならば，それは個人および他人のプライバシーに対して与えられる意味と優先度が異なるからである。

反自民族中心主義的なアプローチを採ることにより，我々は今まで以上に容易に明示的な文化の差異を認知することができる。しかし，前述のような暗示的な文化の差異は，認識できない可能性がある。文化上の当然の配慮については，マネジメントの論点やポーターのモデルのような従来型のマーケティング・モデルからは削除されている。これらの従来のマーケティング・モデルの多くは，1つの文化圏，特にアングロサクソンを研究の基盤にしているからである。

　本書が基本とするテーマに従って，著者グループの新しいマーケティングパラダイムは，マーケット担当者に強力なフレームワークを提供することを目指しており，また3つのR（Recognition（認知），Respect（尊重），Reconciliation（調和））を基本とするものである。まず最初のステップは，マーケティングにおいても文化の違いの存在を認識することにある。「顧客がどこに存在するか」についての見解の相違は，どちらが正しいか間違っているかの問題ではない。それは見解の相違にすぎない。また，自分たちの世界に対して，異なった見解を示す人々や社会について，ある種の決めつけをするのはあまりにも安易である。次のステップは，これらの差異を尊重してから，自分たちの世界（自分たちの製品やマーケティングのための努力）について，顧客が選ぶ方法で解釈する権利を顧客に対して認めることである。

　こういった世界に対する異なった見解ゆえに，我々は相反する文化について2つの明らかに相対する見解をもつことがある。すなわち，買い手と売り手の見解の差である。従来のアプローチは，ただ単に顧客満足，すなわち「我々が販売できると認識しているものを作る」ことに焦点を当ててきた。しかし，我々はまた，自らの企業内の認識についても考慮しなければならない。すなわち，「我々が作ることができると認識しているものを販売努力する」ことである。このようにして，著者グループの新しいアプローチにおいては，マーケット担当者は，顧客の満足度を高めるためには自らの強みを捨てることさえしなければならない。すなわち，明らかに相反する傾向を調和しなければならない。

　これを実現させるためにどうすれば良いのかを示すために，国内市場から国際市場へ転換する際に，いくつかの基本的なジレンマに直面してきた製品やブ

ランドについての事例を述べてみよう。ローカルからグローバルへ，さらにトランスナショナル（トランスナショナル化）へというステップをとるのである。

その後で，ブランドが多様な価値側面をどのように意味の統合システムの中に組み込ませるかを議論する。そこでは，いったん国際マーケットに進出すると，なぜ今までの形態がより高いレベルで統合される必要があるのかを説明する。ここでは同じ調和のパラダイムに沿って，宣伝からマーケティング・リサーチ分野に至るまで，文化によって影響を受けると予測される多くのマーケティングの問題を検討する。

マーケティングは基本的にどのように文化的差異に左右されるか

数多くのマーケティングの見解から発生する主なジレンマを分類するために，著者グループが開発した異文化の価値基準モデルを有効に活用することができる。

普遍主義と個別主義との間のジレンマ

この価値基準における主要なジレンマは，グローバル対応とローカル対応の2つの相反する内容によるものである。その問題は，1つの標準化したアプローチ（同一の製品レンジ，合同の同一化されたマーケティング・サポート）を採択するのか，またはローカルアプローチ（各々の地域の目的に見合ったマーケティングおよび異なった製品対応）を採択するかの問題である。このことは，顧客がグローバルあるいは，それと同様な対応を最も好むのか，それとも顧客の独自の国民文化，あるいは地域文化の影響を好むのかの問題である。

このジレンマはトランスナショナルな対応に特化することにより，双方の折り合いがつけられる。我々は，絶えず最善のやり方を統合させて，その最善を幅広く採択し，適応させ，組み合わせることから学ぶことにより，顧客のニーズを満足させているのである。

ビッグマックを世界中のブランドにすることにより，この矛盾する統合化を成功させたマクドナルド社を再び参照してみよう。大きな「M」のマークは，世界中のすべての同社のレストランにおける什器やレイアウトを標準化することにより，世界共通の統一した企業のアイデンティティーを表現している。し

図表6-1　グローバル　対　ローカルのジレンマ

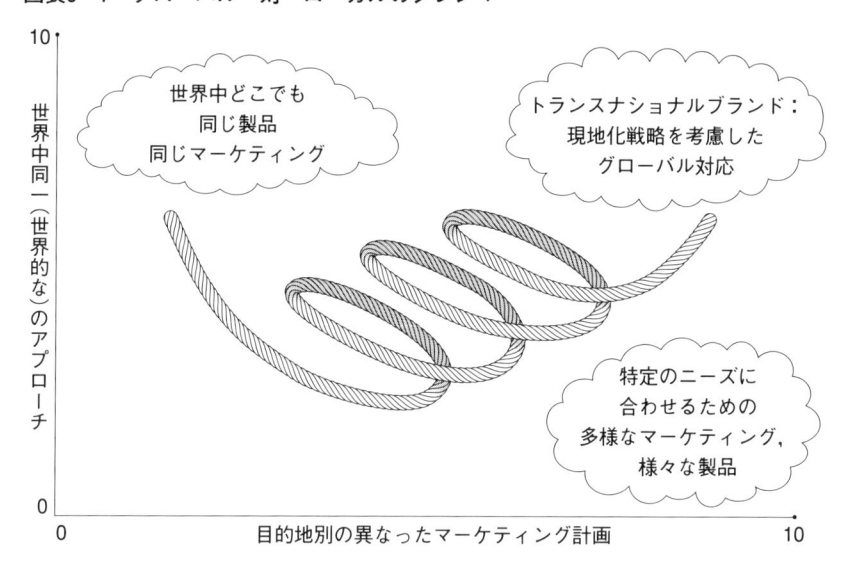

縦軸：世界中同一（世界的な）のアプローチ　0〜10
横軸：目的地別の異なったマーケティング計画　0〜10

- 世界中どこでも同じ製品　同じマーケティング
- トランスナショナルブランド：現地化戦略を考慮したグローバル対応
- 特定のニーズに合わせるための多様なマーケティング，様々な製品

かし，中近東ではビッグマックは野菜バーガーになり，アジアにおいては，フレンチフライよりライスでサービスを提供することが多い。さらにより細かな現地への適応メニューも用意されている。例えば，オランダでは「クロッケー（芝の上でするゲートボールに似た球技）」をもじった商品が販売されているように。

　ハイネケン社は，現地の好みに合わせたビールの温度調整をしているばかりでなく，顧客がその商品に求めるそれぞれの意味を反映させるために，同一の商品を異なったマーケットでは異なった位置づけで演出している。ヨーロッパでは「飲み物としてのビール」として売られているし，カリブ海では，ビールは国際的な感覚を持つ商品としてポジショニングを保っている。カリブ海の各々の島で見られるほとんど同一のテレビの宣伝では，ハイネケンのグローバルなブランドを表すために，パリ，ロンドン，東京と同じ内容のものを放映している。しかし，このグローバルブランドをローカルなマーケットで宣伝するために，認識されやすいように島特有の建物や遺跡の画像をいくつか取り入れて放映しているのだ。

第6章 ▶ 異文化間マーケティング

図表6-2 「真実の瞬間」に向かって

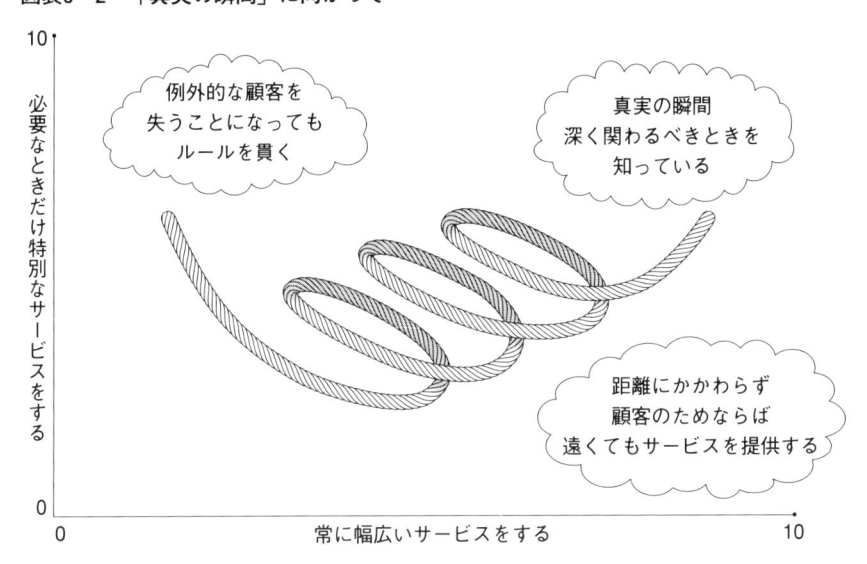

- 必要なときだけ特別なサービスをする（縦軸 0-10）
- 常に幅広いサービスをする（横軸 0-10）

吹き出し：
- 例外的な顧客を失うことになってもルールを貫く
- 真実の瞬間 深く関わるべきときを知っている
- 距離にかかわらず顧客のためならば遠くてもサービスを提供する

　いつも個人の顧客のニーズに合わせてサービスを提供していたら，収拾がつかなくなることは明らかであろう。もしノードストロム社の従業員が顧客のケアーでシカゴからニューヨークまで走り回っていたのならば，企業は破産してしまうであろう。調和のプロセスは図表6-2の調和のグラフに示されている。

　ドイツ型マネジメントは専門的な分野を強調する傾向があるから，もし専門的な内容について議論するつもりならば，マーケティングと営業部門の人間だけを送り込むのは得策ではない。ドイツ人たちはビジネス企画書の一般的な概要を議論することを好まず，専門家を交えて詳細を議論したがる。彼らは淀みないプレゼンテーションのスキルより，精緻な技術的な詳細に興味がある。一般的に言って，ドイツの組織では，マーケティング部門の人々は高い立場にないことも心に留めておく必要がある。

　対照的に，フランスのマーケティングは非常にそのコンテクストに依存していることが多く，全体的にとらえる傾向が強い。フランスでテレビをつけてみると，言葉や見出しは理解できても実際に何が宣伝されているのかわからない

ことがある。多くのハイコンテクストの文化でみられるように,フランスにおける宣伝は,フランス人視聴者のつながりを高めることをねらった内容を含んでいるのである。多くのフランスの宣伝キャンペーンは精巧に作り上げられており,全体の環境をとらえようとしている。例えば,フランスの製品を売るためにプロヴァンス村コーナーが,イギリスの高級デパートであるハロッズデパートの中に作られたりするケースなどである。ロレアル社は,ロアール川沿いのお城に住んでいた美しい貴婦人を「Les Dames de Beauté(美の女性たち)」として,大抵は女王や王家の女性たちをモチーフにした肖像画を商品につけている。各々の美女の顔貌がそれぞれの化粧品の適切な商品ラインとマッチしているのである。

感情中立傾向と感情表出傾向との間のジレンマ

感情の表出や機能はどのような役割を果たすのであろうか。感情の表出はコントロールされるのであろうか。何が購買の決定要素になるのか。

ピーター・ダーク(Peter Darke)と彼の研究チームは,購入者が新しい車や新しい色合いの口紅を購入するかどうかはあまり重要ではないとしている。多くの場合,有形的特質(製品の特徴,価格など)ばかりでなく,無形的特質(その製品に対してあなたがどう感じるか)についても考慮する傾向がある。彼らの研究は,消費者が非常に購入意欲が高く,有形的特質に基づいて合理的な意思決定をするときでさえ,いかに消費者の感情的な経験がその意志決定に影響を与えるかを証明している。実際,マーケット・リサーチの結果は,消費者の意思決定のプロセスにおいて,感情的な手がかり(感情に基づいた嗜好性)と情報の手がかり(製品の特徴に基づいた嗜好性)が重要であることを示している。感情的な手がかりは,主に合理的で,分析的なアプローチをする意識が希薄なとき,特に製品を判断するために限られた能力しか持ち合わせていないと感じるときには,その決定に影響を与える。さらに非常に感情的に下した選択は,消費者が最終的に後悔をする衝動買いとみなされることが多いのである。これは良く知られている「購買者の後悔」症候群である。感情はまた,なぜ多くの女性が実際の買い物をするのではなく,友人とウィンドウショッピングする感覚で「息抜きのショッピング」をするのかを説明している。

一般的には理性と感情はつながっていて，組み合わせになっている。消費者が満足（あるいは不満足）を表すとき，彼らは自らの考えや感情を確認しようとしているのである。彼らが他の人と同じ反応をすることを示しているのである（「私は，この商品，あるいはこのサービスに対して，あなたと同じ意見を持っている」）。これは顕示的消費理論[訳注2]［バグウェル（Bagwell）&バーンハイム（Bernheim）（1996）］の中に具体的に取り込まれている。感情中立型の消費者は間接的な反応を求めているのである。

ジョンソン&ジョンソン社のジレンマ

　ジョンソン&ジョンソン社が，異なった文化にまたがった一連の広告を通して，ベビー用品ラインを販売しようとしたとき，どのような問題が起きたのか。

　最初のシリーズは白人の母親が，彼女の生まれたばかりの赤ちゃんを抱いている状態のまま，アメリカで放映された。この広告はやさしさと愛情に満ちていた。背景の音楽は，典型的なアメリカ人のソフトな声による「愛の言葉」の歌である。その広告は引き続いて，南アメリカ，アジア，ヨーロッパなどの多くの国で「翻訳」された。歌は現地の抒情的な歌であり，母親は明らかにその宣伝が行われる国の出身であった。ブランドのコンセプト以外はすべて異なっていた。

　しかしながら，顧客から戻ってきたフィードバックから，更なる地域対応がなされなければならないことが判明した。イギリスばかりでなく，オーストラリアにおいては，明らかな理由により，感情的な面が抑えられ，フランスやイタリアにおいては，感情が中心的な役割を演じた。

　これは異なった文化において，どのように母親の愛の概念を普遍化させて，一方で感情の表現を個別対応させる必要があるかを示す強力な例示となっている。すべてのマーケットにおいて，顧客に感知される意味は，企業の意図する意味と一致するものでなければならない。

　トム・ピーターが，1999年のアメリカのアトランタ市におけるシェル社の人材マネジメント会議でプレゼンテーションしたように，「今日は，感情的になる中で冷静さを保つことである」。これが調和を意味している。

実績主義と属性主義との間のジレンマ

　顧客は実用的な目的を達成できる機能的な製品を求めているのか。それともステータスを購入するのか。1米ドルのデジタル時計で時間を知ることができるが，10,000米ドルのロレックス・オイスターでも同じ時間を知ることができる。しかし「ロレックス・オイスター」はただ単なる時計ではなくて，ステータスを象徴的に表したものである。

　すべての社会は，特定の人々に他人より高いステータスを与える。特定の人々と彼らが所有し，見せる物品と，彼らが享受するサービスに対して普通以上の注意が与えられるのである。アジアのような属性的なステータス傾向の文化では，ステータスは他人から当然賞賛を受けるような製品（すなわちハイテク技術や宝石など）に対して示されるのである。ステータスは製品の機能的な能力にはあまり関係がないのである。購入することで属性的なステータスを獲得することに対する動機は文化間で異なる。

　もちろん，ベンツ車のような同じ製品が異なった国でも販売される。しかしドイツでは，アウトバーンを早く安全に運転できるドイツの信頼性のある質の高い技術を販売しているのである。第三世界の国々では，ステータスを販売しているのである。

内的コントロールと外的コントロールとの間のジレンマ

　我々は内的な意識によって刺激を受けるのか。それとも我々のコントロールが及ばない外的な出来事に順応するのか。ここでの主要な問題は，内的コントロールが強い技術主導型—プッシュ型（作ることができる製品を売る）と外的コントロールが強い，マーケットに影響を受ける—プル型（売ることができる製品を作る）を結合させることである。

　技術とマーケティングの質において，フィリップス社の保有する偉大な知識と発明は誰も否定できない。問題はこれらの2つがお互いに結びつかないことであった。技術を前面に押し出す（プッシュ）ためには，マーケットから求められるものが何であるかを決定するための手立てが必要である。そしてマーケットの引き（プル）のためには，どのような技術を押し出す（プッシュ）べき

かを理解する必要がある。

時間に対する意味の違いから発生するジレンマ

　我々は時間を時系列的にみるのか，同時並行的にみるのか。それは短期的な関心なのか，それとも長期的な関心によるものなのか。そして将来，現在，過去のいずれに最も焦点を当てるのか。

　これらは異なった文化の眼鏡を通して異なって見られる時間の3つの基本的な要素である。時系列型の文化では，時間は過ぎ去っていく節目を測定する客観的な尺度である。行動を早めて，マーケットにより早く近づければ，競争力は明らかに高くなる。反対に，同時並行型文化では物事を「ちょうど間に合わせて」実施することを好む。その結果，現在と未来は重なり合うのである。あなたのタイミングが行き当たりばったりの同時並行型であればあるほど，競争にさらされることになる。

　まず最初に自らの名声をあげた伝統的な製品のみを維持することは，新しい製品を生み出す弊害になる可能性がある。ハイネケン社の役員のカレル・バーステンはハイネケン家の（過去の）伝統と会社の将来のニーズとを，さらにハイネケン製品の伝統と（将来の）革新のニーズとを，例えば特製ビールの分野において統合させることに成功した。ハイネケン社はプロセス改善を実施することにより今までと同一の結果（伝統的な製品）を生産する新しい方法を追求することにつながったし，一方で製品革新は，実験を積み重ねることにより，実験の中でハイネケンの優れた製品に全く先入観も入れることなく，ゼロから新しい飲料を創造することに成功したのである。

　著者グループの独自の研究によっても，文化によって異なった時間の広がりをもつことを実証されてきた。一方で，いくつかの文化においては四半期ごとに時間の節目が存在することを確認している。そこでは，先の見通しに合わせてセールスの約束をしているセールス担当者を見かける。彼らはすでに現在の四半期の自分の目標を達成し終わっているからである。そこで，このセールスは次四半期の目標の中にカウントされるのである。さらに，他のセールスはさらに先を計画しているようにみえる。彼らは短期の柔軟性を切り捨てても，最

終目標に到達するために非常に有効に機能している。クロテール・ラパイユ[訳注3] (Clotaire Rapaille) は最初の短期的アプローチを「アニマル・タイム（本能的な時間感覚）」と名づけて，2番目の長期的アプローチを「ファウンディング・タイム（計画的な時間感覚）」と名づけている。例えば時間に対するアメリカのルールは，すぐに結果を出し，今現在を強調する短いアニマル・タイムである。すなわち，すぐに実施し，即効性ある報酬を求め，株主価値を追及し，「貪欲である」ような行動を取るのである。

日本人の長期的な時間の感覚は，次の短い逸話で最も適切に説明できる。ある日本の会社が米国カリフォルニア州のヨセミテ国立公園の運営にかかわることを求められたとき，彼らは250年にわたるビジネスプランを提出した（もしあなたがレッドウッド[訳注4]の木の平均寿命を知っているならば，論理的な数値ではあるが）。カリフォルニア州の役人の反応は，「うわあ，それじゃ1,000回も四半期のレポートを作成しなければならない（250年×4回＝1,000回）」といったものだった。中国の台湾との統合に関するアプローチは，同じように長期的で何世代にもわたる長期間にわたる問題である。

しかし，アニマル・タイムはファウンディング・タイムと統合されて初めて機能するのである。今現在に焦点を当てる特徴のあるアメリカの時間軸の両極端な事象として，アメリカが世界で最も古い成文化された憲法をもっていることに見られる。日本やフランスを含めて，その他の国々は憲法に繰り返し修正を加えてきた。要するにアメリカ人は憲法などで明示された基本原則が変わらない限り，変化を好むのである。土台が安定しているならば，我々はアニマル・タイムもそうでないものも許容することができるのである。

これらすべてのジレンマのように，この基本的な構成概念は直接的にマーケティングに適用できるのである。アメリカのマーケティングの権威であるアル・ライズ (Al Ries) とジャック・トラウト (Jack Trout) は彼らのベストセラー『ボトムアップのマーケティング』[訳注5]の導入部分で次のように語っている。「我々は競争の時代に生きている。ほとんどすべての産業分野において，今日のビジネスは戦争状態になっている。この環境の変化により，マーケティングにおける伝統的なトップダウン型のアプローチは時代遅れのものになってきてい

図表6-5　シャネル社「愛人型」と「英雄型」のジレンマ

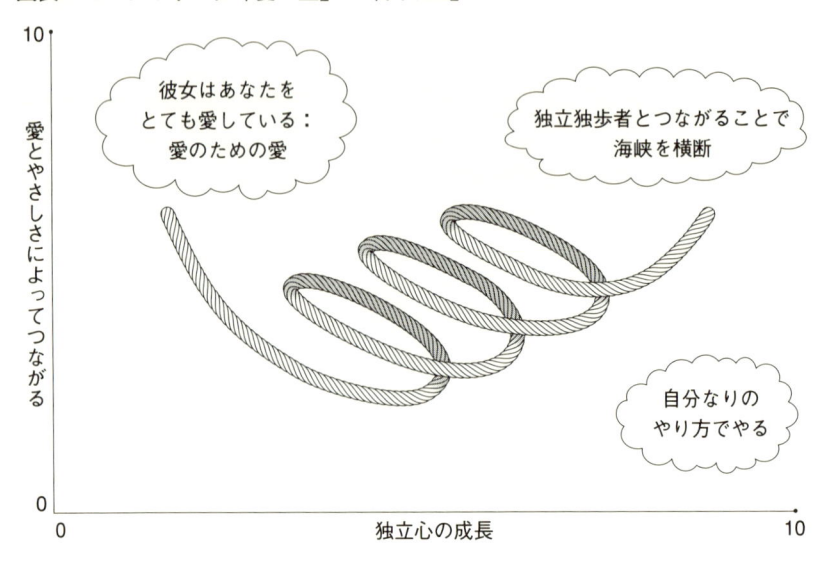

縦軸：愛とやさしさによってつながる（0〜10）
横軸：独立心の成長（0〜10）

- 彼女はあなたをとても愛している：愛のための愛
- 独立独歩者とつながることで海峡を横断
- 自分なりのやり方でやる

市場で成功させたのである。
　その調和は図表6-5に示されている通りである。

　上述のように，ジレンマの第2のカテゴリーは，周囲の環境の波に乗ることにより安全と安定に対するニーズと，一方で環境を変革することによりそれをコントロールするニーズから引き出すことができる。

　世界を変える必要性を反映させた3つの原型は，「英雄型（Hero）」，「無法型（Outlaw）」，「マジシャン型（Magician）」として位置づけることができる。

　「英雄型」は，犠牲者である苦悩によって追い詰められ，さらにその理由で，彼らは行動力と断固たる態度を賞賛するのである。すべての英雄型は，内的志向で，個人主義で，達成志向の価値観を共有している。英雄型的製品の典型的な例は，フェデラル・エクスプレス社とナイキ社である（ただ実行に移そう型）。そして個人として，この原型はランス・アームストロング（Lance Armstrong）によって代表される。彼はアメリカの自転車競技者であり，自ら癌と戦いなが

ら克服し，ツール・ド・フランスで4度も勝利した記録を持っている。多くの英雄型は自動車産業の中で見ることができる。その英雄型的ブランドを広めるために，ナイキ社でさえ次のミッションを形式化するところまで来ていた。すなわち「競争の感情を経験するために，競争者たちに勝利して粉砕する」。しかし，あなたはこの原型に行きすぎないように注意をする必要がある。アメリカでは，ナイキ社の宣伝キャンペーンには多くの非難があった。そのキャンペーンでは，運動選手が勝利者として終わるために，あらゆる種類の生命の危険にさらされる出来事（爆発や火事）などを乗り越えなければならないのであった。このキャンペーンは，ナイキ社の東南アジアにおける幼児の労働への関与の疑惑の最中に行われたのであった。これはすべての原型に共通に言えることだが，ステレオタイプへ退化する危険性を示したものである。

意思決定をするか，しないか

　アメリカ人の営業担当が，ドイツのシーメンス社の何人かのドイツ人と半導体工場向けの1ダースの機械の販売について交渉をしていた。彼の会社は高い品質の製品を適切な価格で販売していたので，彼は実際には何の競争も存在しないと確信していた。素晴らしいプレゼンテーションの後，1千万米ドル以上の購入に関して共同で責任をもつシーメンス社の購買部門長と高い地位の技術者の両者は極めて良い印象を持った。ツーメンス社の2人は約6か月ほどして，この機械を購入したい旨を伝えてきた。彼らの決定的な態度から，アメリカ人側はこの取引は成立したと確信した。しかし，1週間後に，アメリカ人側は先方より2回目のプレゼンテーションをして欲しい旨の要求を手紙で受け取った。その理由は，シーメンス社がその意思決定のプロセスに，彼らの主要サプライヤーの何人かを入れたいからという要望であった。アメリカ側の営業担当は大変驚いた。というのもシーメンス社からやってきた2人は，非常に地位の高い意思決定できる人物と考えていたからである。彼ら2人は取引に合意を表明したが，今度は彼らのサプライヤーを加えようとしていたのである。

　このケースでは，アメリカ人はシーメンス社派遣の2人のトップ・エグゼクティブたちの積極的な反応をみて，その取引は成立したと理解した。しかし彼は，ドイツにおける個人的特質は，強い志のある，自信のある個性を意味して

おり，そのことは，必ずしも個々人がグループのメンバーと相談しないで意思決定できる権限を有することを意味していないことを考慮していなかった。
　このケースでは，シーメンス社のチームが組織の長期的なサプライヤーもまじえた上で，ある種のコンセンサスを取りつけたい意向の中にドイツ人のコミュニケーションの傾向を見てとれるのである。

　無法型原型は，禁断の果実の魅力をもっている。彼らはしばしば自らを空想的な性格の持ち主と表現している。彼らは専制や抑圧に苦しんで，長い間支配的な政党の下で仕事をこなしてきた組織に新しい精神を注ぎ込んでいる人々である。代表的な例はリチャード・ブランソン，ハーレー・ダッビドソン，アップル社などである。「無法型」は特定関係主義的，個人主義的，実績主義傾向が強い。彼らはいかなる現状にも満足できない。

　第3の原型はマジシャン型のグループである。このタイプは世界を新しい技術で変化させようとしているグループで，インターネット，バイオ化学，遺伝子組み換えなどの技術がこれに当たる。その代表的な例はソニー，リッツ・カールトンホテル，マスター・カードのようなほんの小さなプラスチックのカードで世界を完全に横断することができるハリーポッターのような感覚等である。マジシャン型グループは新しい普遍的な真理を追究して，内面の方向性と感情を組み合わせるのである。

不正な競争

　1975年，AATM社は不正競争を理由にサンヨーに対して訴訟を起こした。サンヨーがシアーズ・ローバック社にアプローチし，「シアーズ」と呼ばれる「自社ブランド」のテレビセットをアメリカの国内ブランド価格よりも15％低い価格で供給することを申し入れたことが判明したからである。さらに，その価格は製造コストよりも低いものであった。第2の問題点はシアーズ社が100セット販売ごとにさらに10％の割引に相当するリベートを受け取っていたことであった。サンヨーとシアーズ両社は，その割引はサンヨーが提供するアフ

ター・サービスと顧客にその補修を直接請求することと引き換えに与えられたものであるとして反論してきた。

　AATM社は，アフター・サービスは直接販売のまやかしの形態であり，顧客は別のサンヨー製品を買わされたと感じる結果になると主張した。法廷はAATM社を擁護したが，その時までに，問題は決着していたのである。というのもアメリカのテレビ製造業者は，もうそれほど多くはなかったからである。

　それではなぜサンヨーの戦術は対応するのが厳しかったのか。なぜシアーズ社はサンヨー社とそのような形で商売をしようとしたのか。

　サンヨーは反論が難しかった。なぜならば，内的志向の強い，個人の興味によって動機づけられるビジネスは，簡単に攻撃の対象となる可能性が強い。いったん日本企業に「アフター・サービス」を導入させると，彼らは置き換え時のセールスを獲得する可能性が高く，顧客とより近い関係を構築してしまう。法廷は反応があまりにも遅いので，彼らが違法であるにせよ，これらの戦術をストップさせることはできない。遅まきながら控訴が行われたとしてもそれまでに破産している可能性がある。シアーズ社はそのような行動を取ることに対して十分なお金が支払われていたため，話を先に進めていった。外向きの戦術は内向きの利益追求者の忠誠心をつかまえることができるのである。

　この世の中をバランスよく調整する必要を満たす両天秤の一方の側においては（もしあなたが望めば，安全と安定を与えるものであるが），3種類の原型をみることができる。すなわち，世話型（Caregiver），創造型（Creator），支配者型（Ruler）の3種類である。それらはすべて外部方向性とそれとは別の向性の感情を共有している。

　世話型は愛他主義的であり，この世の中の重圧をその肩に背負って，人類の脆弱性に対して極めて繊細になるのである。世話型は普遍主義的であり，共同体型であり，感情表出型であり，特定融合型である。この原型は健康分野，医薬品分野，人道的福祉組織では非常に一般的である。ボルボ，GE，BT，アメ

リカの州政府の宝くじのようなブランドは，共感と，コミュニケーションと，一貫性と，信念などに基づいて取引を行っている。それらのすべてが，彼らのメッセージの基準で，高いレベルにあるのである。

創造型は芸術家の感想のようなものであり，革新者であり，安易な妥協は行わない。また，創造型は外部指示型であり，特定関係主義者であり，感情表出型であり，また個人主義者でもある。セサミ・ストリートやスウォッチの時計のような素晴らしいブランドはこのような環境で作られたものである。もしあなたが想像をめぐらせたら，それはまた作成される可能性が高い。創造型は，批評家がすぐにやってきて，厳しいコメントをすることを知っている。彼らは彼らの最終製品を成功させるための組織構造が必要であることも知っている。もしあなたが注意深くなければ，その原型を無責任な行動や空虚な瞑想の世界に持ち込むことになるのである。

韓国人のジレンマ

韓国人は「アジアの中の個人主義者」と考えられる傾向がある。このことは多くのアジア人は外的なコントロールの遺伝子を持っているが，韓国人は多くの内的なコントロールの遺伝子を持っているという事実に負うところが大きい。韓国人は，いったん環境をどのようにコントロールするのかを理解してしまうと，環境をコントロールして影響を与えることができると信じる傾向がある。その一方，他のアジア人たちは自然と共生することの重要性を強調する。それは，未知の根源となる力やダイナミズムを受け入れることを意味している。

韓国の組織の中で相反するものの1つは，内的コントロールの強さと強い階級的な組織のコントラストである。高い地位や多くの経験がより多くの尊敬を得るという儒教の教えと軍隊的韓国文化が交じり合って，階級主義の強いマネジメント・システムに対する傾向を作り上げているのである。機械的で，内部志向型の文化では，個人の権力やその結果，時として起きる争いごとは通常の出来事としてとらえる傾向がある。

韓国のビジネス文化は非常に激しい競争社会で，リスクを取ろうとする意識が強いという特徴がある。人口4,400万人の韓国は，家電製品，半導体のチッ

プや造船の分野で世界最大の生産国の1つである。世界市場で彼らが競争の優位性を保てるのは，厳しいトレーニングを受けた労働力，投資意欲の高い企業，強気のマネジメント目標，強烈な国内競争に負うところが大きい。

　韓国の独自性の一部は，外国の技術を国内で十分に適合させ，さらに改善を加えていることである。韓国企業は生産志向が強い。彼らのアプローチは，標準化された製品を大量に生産することである。そのために彼らは低い生産コストを達成することができるのである。多くの韓国企業の独自性の特徴は，自分たちの生産モデルを開発して，自分たちのブランド名で海外にマーケットを広げていることである。彼らは非常に早く，海外に製造工場を設立する。利益率についても極めて強気の伸びを期待する傾向が強い。また，取引量が強気の値段を引き出す鍵となっている。成長に対する投資のために，キャッシュフローを維持することが，当面の利益より重要である。サンギョン財閥はその「SKMS（サンギョン・マネジメント・システム）」の中で「企業のゴールは生き残りと成長である」と述べている。

　最後に，「支配者型」の原型は，混乱を避けるために何を存在させたらよいかをコントロールすることに代表される。「支配者型」は世界の富を創造することを望んで世界を支配するのである。「支配者」は普遍主義的であり，感情中立主義的であり，属性主義的である。この原型のタイプは明らかに多くのコマーシャルに中に見ることができる。アメリカン・エキスプレス社，マイクロソフト社，プロクター＆ギャンブル社（P&G）などは「支配者型」ブランドの代表例である。アメリカン・エキスプレス社は，例えば，マスコミを通して認知されやすいパーソナリティーが，彼らが認知されようとされまいと，カードを使用して，王族のような扱いを受けるテレビキャンペーンで成功している。

　日本社会や日本のビジネスにおける生得的ステータスの重要度の高さは，個人や企業全体においてもその評価を受ける重要な要素として反映されている。ユニリーバのような国際企業は，ヨーロッパでは主にそのブランド名で一般大衆に知られている。日本ではそのような企業は，マーケティングと宣伝で企業の評判を強調することが求められる。日本における評判の重要性は，明らかに

図表6-8　エミックとエティックのジレンマ

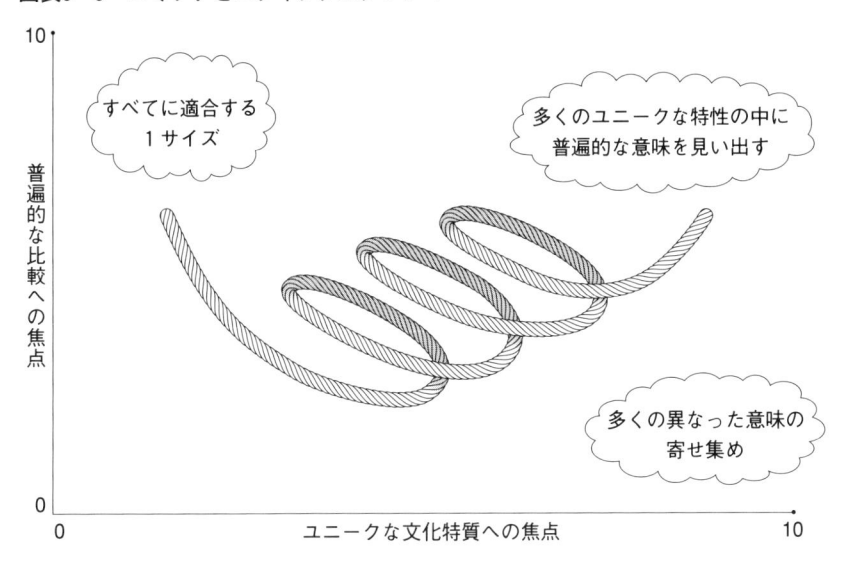

```
普遍的な比較への焦点
10 ┤  ╭─────────────╮              ╭──────────────────╮
   │  │ すべてに適合する │              │ 多くのユニークな特性の中に │
   │  │   1サイズ    │              │  普遍的な意味を見い出す  │
   │  ╰─────────────╯              ╰──────────────────╯
   │
   │           (らせん状のロープの図)
   │                                 ╭──────────────╮
   │                                 │ 多くの異なった意味の │
   │                                 │   寄せ集め    │
   │                                 ╰──────────────╯
  0└────────────────────────────────── 10
   0         ユニークな文化特質への焦点
```

ラインの質問紙がうまく機能したならば，リサーチャーは同じ普遍的質問（エティック）を別の方式，例えばブルキナ・ファソのような地域では個別に対面式のインタビュー（エミック）等の方法を活用してみることである。リサーチャーの調査ツールを調整するに当たり，これらの異なったアプローチを通じても，機能的かつ概念的等価性が得られることが大切である。マーケット・リサーチチームが関与する国々の状況を十分に反映させることが，このプロセスにおいても非常に大切なことである。彼らが直面するジレンマを議論することにより，彼らは意味の等価性を理解できるのである。これは結果として，最適な研究計画が実行できることにつながる。このジレンマは図表6-8に示されている。

　エミック・マーケットとエティック・マーケットの調和の代表的な例は，ヨーロッパにおけるハイネケン社の新しい宣伝キャンペーンを打ち上げたときに見ることができた。ハイネケン社はそのマーケティング戦略として，世界共通の普遍的なメッセージを使っている。すなわち，ハイネケンはストレスの多い状況からリラックスした状況へと転換させようとしている。オランダで特に成功したコマーシャルは，若い女性が彼女のボーイフレンドと一緒に出かけよう

としている内容のものである。彼女がクローゼットの前に立って，この夜の改まったデートに着ていくドレスを探しているシーンである。彼女のボーイフレンドは，すでにディナージャケットに着替えて彼女を見つめている。彼は明らかに彼女の迷いを楽しんでいる様子である。彼は部屋を出て，今度はカジュアルな格好，ジーンズと皮のジャケットを着て戻ってくる。彼は彼女に1本のジーンズを手渡そうとする。プレッシャーが解けて，改まったディナーの計画は変更になった。彼らはリラックスした雰囲気でパブに行く。これは典型的なオランダのパブ（bruine kroeg）すなわち，自分たちに戻る場所である。このことは若い人々はステータスに拘らず，自然であることを好み，謙虚だが，全世界的なハイネケンの愛好者であることを表している。

オランダで非常に成功したこの同じコマーシャルが，ギリシャでテストされたときには，うまく機能しなかった。若いカップルはフォーマルな夜のイベントに行くことができず，やや不快な方法で夜を過ごさなければならないと解釈されたのだ。ハイネケン社は，この文脈から，普通のときに普通の人々が飲む普通のビールとして受け取られてしまったのであった。

このマーケットの知覚度の違いは価値観の違いから来るものである。オランダでは，インフォーマルで「普通」のことが強調されるという価値観があると考えられている。あまり洗練されておらず，世界の他のところからあまり影響を受けていないことが，オランダでは理想とされているのである。

異文化間の宣伝と販促

宣伝と販促はマーケティング・プロセスの重要な部分である。それは製品やサービスのセールスをサポートすることを目的とした，コミュニケーションの組織的プロセスと定義することができる。「宣伝」は通常は一般的な用語として使用されているが，厳密にいうとその言葉そのものは，その目的が全体のマーケットのサイズに影響を与えるコミュニケーションを指している（現存する新しいタイプの製品にマーケットの注意を喚起させる）。また，「販促」の目的は，競合他社が提供する製品やサービスと自社の製品，サービスとを差別化することにある。コミュニケーションは情報を交換することであり，情報は意味を伝

達するものであるので，宣伝や販促は明らかに文化による影響が大きいといえる。

　全体のマーケットの成長や拡大するマーケット・シェアを目的として，セールス活動を行う間に経験する基本的なジレンマは，著者の活動においても経験済みである。もちろん，このことはマーケットの状態に必然的に関連しなければならない。ある文化（国）では，マーケットは成熟している（ここでのその目的は製品の差別化を通して，マーケット・シェアを増やすことである）。別の新しい，未成熟なマーケットでは（製品のライフ・サイクルの初期），その目的は顧客に対して，あなたの会社の製品が存在していること，手に入れることができることを単に知らせることであるかもしれない。消費者は製品のブランドやイメージにまったく関心がない場合さえありうる。「肉の代わりにもっとチーズを食べよう」は，人々にチーズを含めた健康食品をより多く食べさせることを奨励する宣伝である。「新しい種類の我々のチーズを食べよう」は，現在のチーズ消費文化の中では販促の表現である。マーケットの成長とマーケット・シェアとを調和させることは，すべてのマーケット開発者にとって基本的な挑戦である。

　マーケティング活動の他の基本的なプロセスに関しては，世界経済の発達により宣伝のプロのニーズや能力は根本的に変化してきた。1990年代の初めに，我々がCNN社と他の電気通信サービスの合弁企業の立ち上げに立ち会ってきたことなどは今日では考えられないことである。P&G社，ナイキ社，ユニリーバ社が，彼らの最初の世界規模，またはヨーロッパ規模の宣伝キャンペーンを打ち上げたのは，まだ1990年代の初めであった。マスメディアは，宣伝産業の全体のビジネスフレームを劇的に変化させてきた。マスメディアを，ビジネス，マーケティング，宣伝のグローバル化に大いに責任のあるものとして多くの人々はみてきている。しかしながら，モーイは「ある特定のテレビ番組が急速に世界中に広まる一方で，このことは，世界中で多くの文化的な異なったコンテクストやプラクティスが存在することにより，この番組をみる視聴者たちの反応が世界共通的であるとは言えなくなってきている」と主張している。テレビのソープ・オペラ『ダラス』の異なった文化における影響に関するヴィンク[Vink（1996）]の研究の一部によれば，アメリカ人たちはソープ・オペラを部屋の掃除をするための素晴らしいひとときとみなしており，ブラジル人たちはそれをアメリカンドリームの代表として見ている。また，フランス人たちには，

それをアメリカの価値観の俗悪な部分を表す証拠とみなす。同じテレビ番組が，受け取り方によって何と異なった意味として取られるのであろうか。

しかしグローバル化は，組織が異なったタイプの競争に直面して規模の経済性が存続の必要条件になることも意味している。宣伝については，ちょうど他の機能的な行動と同様に，多くの可能なアプローチが存在するのである。

ガルッチ（Garucci）のケースは，多くの国際企業組織に共通する重要な点を含んでいる。その基本的なジレンマは，最初に議論したグローバル化か現地化かのジレンマである。会議の間に提案された議論を取りまとめてみよう。

ケース・スタディー：「ガルッチ（Garucci）」

イタリアのデザイナー：グローバルなマーケット戦略か，現地対応キャンペーンか

ガルッチは，カジュアルファッションのビジネス分野で，そのデザイナーブランドとしてよく知られている。その商品の幅は，ジーンズ，ブラウス，ファッションTシャツなどであるが，主にヨーロッパ，オーストラリア，アメリカなど30か国で販売されている。それ以外に，5か国に生産拠点があり，そのうちの4か国はアジアに位置している。28か国に配送業者を有しており，アメリカとイタリアの企業組織の中に，2か所の配送センターをもっている。ガルッチ社はその宣伝戦略をいかに再構築するかを議論している。その中心的な議論は，それぞれの国においてグローバル化か，現地化か，それとも地域化か，そのうちどの宣伝戦略が企業にとって有益であるかということである。

主要な15か国のマーケティング・ディレクターが次の点について議論するために召集された。

・グローバルな宣伝キャンペーンが，マスメディアを通して行われる中央集中化のアプローチ
・それぞれの国が自らの戦略に基づいて決定する各国独立した現地対応アプローチ
・それぞれの地域が（南・西欧州，アメリカとカナダ，ラテンアメリカ，オース

トラリア）その戦略に基づいてそれぞれ決定する地域的なアプローチ
・上記のミックス型

　この企業は，誠実さ，イノベーション，前衛主義，社会的責任などに焦点を当てた一連のコア・バリューを導入してきた。66歳のCEOであり会社の設立者で，元来デザイナーであり，現在はビジネスマンでもあるジュリ・ガルッチ（Guilio Garucci）は，議論の結果がどのようであっても，宣伝におけるこれらの価値の重要性を強調してきた。彼はまた，インターネットの大きな可能性についても強調してきた。ガルッチ社のサイトとギャップ社のサイトで洋服を売る試みは，非常に興味ある結果を示した。すなわち，セールスの7％がこの新しい流通経路から生じたのである。

　ここに会議における論点のいくつかの例がある。

　「我々はいつも新しい製品を立ち上げるための現地における責任を持っている。ファッションは非常に国民特性を反映したものである。我々は自由に自らのアプローチを継続する必要がある。」（南欧）

　「ガルッチの洋服は非常にイタリア的である。それゆえに，最新でファッショナブルである。我々はその点を有利に展開する必要がある。」（アメリカとオーストラリア）

　「コア・バリューは製品の中に生きている。グローバルな宣伝ではこの新しいアイデンティティーを一貫して表現していない。」（ガルッチ自身）

　「宣伝に使われる予算はますます上がってきている。我々は規模の経済性を追及する必要があり，異なったアプローチの部分部分を1つに集中化するように努力すべきである。」（オランダ）

　「我々ラテンアメリカでは，アメリカのアプローチを，どのようにして自分たちの地域に適応したらよいかわからない。しかしながら，南米に適用されるかなりの共通な点が存在する。」（ラテンアメリカ）

　「我々はイタリアからの最新の宣伝をアメリカの顧客にみせてきた。彼らはそれが大好きだったが，結局はその官能的な写真にはショックを受けたようだ。」（アメリカ）

　「我々イタリア人やフランス人の競合他社は別々のアプローチをしている。例えば，パリのクサビエ（Xavier）社は地域的なキャンペーンを実施している。一方，ローマのプピ（Pupi）社は去年グローバル・キャンペーンに失敗

してから、再び予算を完全に分散させてきている。」(イタリア本社)

上記の議論をベースにして、ガルッチ社の将来の宣伝キャンペーンにとって、何が最善であると思うか。

国内の議論
(ミラノでのイタリア人マーケティングのプロによる議論)

「ちょうど十年ほど前に我々に起こったことは、非常に好都合であった。我々の製品の多くは輸出されてきた。しかし、それに対してそれほど気分の高まりを感じなかった。我々はまだ南ヨーロッパにおいて、商品の45%を販売している。我々はイタリアの企業である。そして、我々のコア・ビジネスを考えるのに、イタリアの企業であることは非常に好都合である。輸出は結構であるが、我々の主なマーケットの焦点はイタリアの地方である。宣伝のキャンペーンにしても、我々がイタリア人であることにこだわりたい。我々以外の人たちが何をやっているかは他人事である。しかし、本社にはいかなるコストも掛けてはいけない。もし約5年以内に取り組むべき次のステップがあるのならば、本社が率先して注意深く調整すべきである。」

マルチ・ローカルな議論 (アメリカの宣伝部門長による議論)

「アメリカを含む多くの国々や、オーストラリア、日本、オランダのような他の主要なマーケットで収めてきた成功から、現地の人々が現地での我々のビジネスについて知っていることが証明されてきている。ガルッチ社の強みは、我々が自由にミラノからすべてのものを購入できることにある。しかし、商品を配送し、宣伝し、販売する方法は現地の組織に委ねられている。もし我々の国で、イタリアで開発された宣伝を採用したとしたら、この国の潜在的顧客の多くをイラ立たせることになったであろう。性別の役割のとらえ方があまりにもステレオタイプで、性的な要素がかなり入っているからだ。繊細なユーモアの多くは失われることになってしまう。このことは、また、典型的なイギリス人の控えめな言葉で溢れている印象的なイギリスでの宣伝についても同じことが言える。彼らにとっては適切であっても、我々にとっては顧客を失うこともある。我々の宣伝では、イタリアに焦点を当てて、その

思決定者に対して示すマップが作成される。1つの軸は，各々の子会社，流通業者，顧客（マーケットの潜在性，文化の違い）の相対的な魅力度を表し，もう1つの軸は現在または将来のビジネスポジション（マーケット・シェア，収益）を表している。こうして今や，戦略家は，意志決定のためのフレームワークを持つことになる。それは，全体的な見方の指針を与え，競争優位を得るためのいくつかの戦略的行為に対して優先順位をつけるためのベースとして機能するのである。

例えば，モトローラ社がロシア，リトアニア，トルコにおける主要な顧客との関係を構築するために，限られた予算をどこに投資したらよいかに関する意思決定をする必要があるとしよう。ロシアは今後セールスが増大する可能性は高いが，そこにはサプライヤーとの大きな文化的な差異が存在する。そのことでモトローラ社には50万ユーロのコストが掛かるのである。モトローラ社とロシアの顧客との文化的差異は小さいが（マーケットへの進出度は高く，販売予算は容易に達成されることを示している），リトアニアの顧客だけは，狭い地理的な領土の中で無線関連の製品のみを流通させている。それに反して，トルコの顧客は伸張が著しいマーケットで，高い販売成長の可能性を確信して製品を販売している。しかしながら，その文化的差異の問題のために，モトローラ社には収益があがる前に先行投資として，今年度は25万ユーロ，来年度は25万ユーロの初期費用が掛かる。モトローラ社はどのようにマーケット開発の優先順位をつけたらよいのだろうか。

文化的差異をただ単にコスト要素として考えずに，R&Dのように投資とみなすべきである。今年度，関係を発展させて，ジレンマを調和させる仕事に投資をすれば，次年度は間違いなくセールスが増加するのである。

ROR（Return on Reconciliation）指標（異なった投資の折り合いに対する相対的利益率を測定する指標）は，マーケットのオプションを評価する客観的な手段を提供する。それはあるマーケットにおける文化的差異を調和させるのに必要な割引投資額の機能と同じように扱われ，追加の総販売マージンとして計算されるのである。この指標のお陰で，マーケット戦略家は，今日文化的差異が顧客との関係のどこに存在していて，将来はどこに行くのかを見分けるこ

とができる。この指標はさらに株主に対して，企業の年次報告書に関して追加が歓迎される情報であるばかりでなく，十分な情報による分析と合理的なマネジメントの計画を提供するものでもある。シニア・マネジメントに対しては，調和を通して営業の成長を持続するための手段として，各々のマーケットにおいてどこに資源を分配させたらよいかの明確な図式を描いてくれるのである。

　著者グループは，我々の論理がグローバルマーケティングに対する新しい考え方にまで及ぶことを説明し，示してきた。ジレンマをどのように調和するかという普遍のテーマは，最優先事項である。その問題の一部は，多くの専門家たちが何年にもわたって大切にしてきたことを忘れ去らなければならないと考えていることである。世界のマーケットが寡占化していることから，古典的なアプローチは差異を明らかにし，誇張しようとしてきた。過去には，差別待遇は王様の特権と考えられていた。しかし，著者グループのリサーチは，本当の国際的な成功を収めるためには，差異は歓迎され，統合されるべきであることを証明している。グローバルな集合体における取引が規範になるにつれて，異文化に適合できるマーケティング計画が必須となっている。ここに述べられたマーケットへのアプローチは，多国籍企業化のためのマーケッターのツールキットの最も重要な構成部分である。

〈訳注〉
1) ダビデは，古代イスラエルの二代目王で，旧約聖書「サムエル記」「列王記」に登場する。ベツレヘムに住むエッサイの8番目の息子かつ末子として生まれ，サムエルに見出され仕えるようになる。ペリシテ人の巨人戦士ゴリアテを投石で倒したことで有名になり，その後戦果をあげていくが，その人気をサウルに妬まれ，命を狙われる。その後，イスラエルの王となり，ペリシテ人との戦いを続けてエルサレムを確保する。イスラエルを救う救世主（メシア）はダビデの子孫より生まれると信じられるようになった。「ダビデとゴリアテ」は弱小なものと強大なものとの例えとしてよく使われる。
2) Kyle Bagwell：スタンフォード大学経済学教授。Douglas Bernheim：コロンビア大学経済学教授。顕示的消費（見栄消費）(Conspicuous Consumption)：過剰消費が社会的規範や期待になるような社会における個人個人に観察される症状（購買商品を通じて周囲に差をつけ，優越感に浸り，他人に見せびらかすための消費）。
3) クロテール・ラパイユ (Clotaire Rapaille)　原型の発見と創造性の研究で国際的に著名。また，マーケティングへの独特なアプローチは，実用的な面におけるビジネスマンの

注意を精神医学者の立場から分析して，結合させている。
4) レッドウッド（Red wood） セコイアとも呼ばれる世界最大の樹木。北部カリフォルニアにしか生育しないと言われており，何百年もの歳月を経て，大木に成長する。
5) ボトムアップ・マーケティング（Bottom-up Marketing） アル・ライズ（Al Ries）とジャック・トラウト（Jack Trout）が1990年に出版した書籍で唱えた，従来型のトップダウン型に対するボトムアップ型のマーケティング理論。
6) 原型：アーキタイプ（Archetype）。深い無意識の層に人類が普遍的に有しているイメージの源。ユングがはじめ原始心像ないしは原像と呼んでいたもので，人間の集合無意識にあって，神話的性格を備えた普遍的・人類史的象徴性を備えた心像のこと。
7) マーガレット・マーク（Margaret Mark）とキャロル・ピアソン（Carol Pearson）は共著『Hero and Outlaw?（英雄及び不法者）』で，普遍的な心像をベースにした原型の力に依存して造る特殊で異常なブランドの中で新しい独特のブランドマーケティング論を展開している。
8) ユング（Carl Gustav Jung）は，人間には意識と無意識の部分があり，無意識の中に個人的無意識と普遍的意識（深層）があるとしている。フロイト（Sigmund Freud）と異なり，無意識をポジティブなものとしてとらえている。マズロー（Abraham Maslow）は，無意識のダイナミズムを重視する精神分析を自己実現を表す学問ととらえた。低位の欲求が満たされれば成長を続け，ますます健康になる。人間の欲求を6つの基本欲求（生理，安全，所属と愛，承認，自己実現，自己超越）で整理した。
9) オランダのユニリーバ社が販売する洗剤名。
10) ユスニエ（J. Claude Usunier）は，スイスのローザンヌにあるHEC国際ビジネススクールのマーケティング教授。マーケティングと文化の関係を国際的な視野で分析している。
11) コンジョイント分析：マーケティング分野の研究では，消費者の日常の購買行動の中で合理的でありながら，煩雑な判断に注目が集まっている。消費者は購買行動の際に好き嫌いのような情緒的側面と品質と価格の対比など客観的評価やオピニオンリーダーの嗜好，口コミなどの情報で総合的に意志決定をしている。このような消費者の選好の分析に有効な手段として活用される。
12) 音韻論（phonemics），音声学（phonetics）の語末をとって造語した，アメリカの言語学者パイク（Pike, K. L.）のタグミーミックス（tagmemics 文法素理論）の言葉。人類学など関連の分野でも用いる。観察可能な現象の表層の差異にあくまでも注目して記述しようとする視点をエティック，その現象の背後に想定されているコードに即し，一部の差異をあえて無視して分析単位を同定しようとする視点をエミックと呼ぶ。
13) アメリカで，昼間，主婦向けに放送されるドラマ，いわゆる「昼メロ」。スポンサーが石鹸メーカーであることから転じて，アメリカではメロドラマのことを「ソープオペラ」と呼ぶ。
14) ヨーロッパの有料TV局。

第7章

異文化間の人事の
ジレンマへの対処法

　人事部門は，もはやただ人の採用や解雇を行う部門ではなく，戦略的な役割を果す部門になりつつある。このことは，組織において最終的に差別化できる資源は，技術やプロセスや製品ではなく，人間であるということが最近ますます認識されてきていることによるものである。それではどのように状況が変化してきたのか。過去においては人事のマネージャーが我々の先人に対して，トレーニング・プログラムを通して，初期の農作業改善のためにチームによる仕事の方法論についてアドバイスを与えたり，人々をより効果的に動機づけ，労働の分配や評価に対する組織的な体制を立案することなどは想像することすらもできないことであった。

　これらの大きな変化や我々が仕事をするダイナミックな世界により，人事部門は自らの機能を果たすことと，組織全体をサポートするためとに多くのジレンマを調和させるという課題に直面している。あるジレンマは過去に遡ってその原因が存在するが，あるジレンマは今変わりつつある現在にその原因が存在するのである。

　雇用側が製造現場で生産に集中するようになって初めて，労働時間を計算することが生産性と利潤を追及する上で重要になった。啓蒙主義の時代，フランス革命，国際貿易の成長，労働組合の台頭等からもたらされた各種の考え方の到来は，すべてより良い法則や仕事の組織の必要性を高めることに貢献してきた[1]。19世紀の後半，ウェーバー，フレデリック・テーラー，デュルケームなど

の研究のお陰で，社会に対して一連の分業の成果，作業研究，労使関係などの効果を社会に対して紹介することになった。そして，一連の高度な採用技術の伸長により，生産性が高く，効率の良い有能な労働力を確保することができるようになった。産業革命の初期に形成されて急速に組織化された階層システムにより，財務，マーケティング，オペレーションのような他部門の機能と同様に人事マネジメントの機能が開発されたのである。

我々は今日，新しい製品に対するマーケットの需要は高いが失業率が高く，顧客や従業員に対して迅速な反応の必要がなかった製造業をベースにしていた19世紀の思考からの劇的な変化を経験している。商品の選択に関して贅沢になった顧客に対して世界市場の寡占傾向が強くなるにつれて，現代のようなマーケット志向の強い時代には，職務上顧客に対してより早く対応するように進化してきている。21世紀には，マネジメントの対象である個々の人間は，もはやマネジメントの指令を受ける側に，受身で座っているだけでは始まらないのである。

しかしながら，単純に働き手を雇うことはできない。すなわち，そこには人間的な面が存在するからである。20世紀においては，多くの人々に幅広い教育の機会があったことから，どのような部下でも組織階層の各種のニーズレベルで認知されることを求めて，そのような階層（階層の必要性）を求めて組織に入ってくるように状況が変化している。

著者グループは，過去十数年にわたり自立した，思慮深い個人が増加してきていることを確認してきている。こういった人々は，組織の内部に対しても外部に対しても非常に多くのニーズを持っている人である。権限は分散され，共有される。マネジメントは，職務を実行し，その戦略的ゴールを達成するために，個人のニーズと組織のニーズを調和させる必要がある。このような新しい世界では，コンフリクトは人生において当たり前のことであり，この緊張状態から発生するジレンマを管理できる能力を持っているかどうかが，現在では権威の新しい根源となり得るのである。このことはグローバル化が加速されるプロセスの中で，より明確になる。そこで我々は，人事部門のプロフェッショナ

ルの新しい挑戦と対応に取り組んで行かなければならない。

　今世紀以前は，著者グループがここで人事の専門性として表現していることが何であるかについては，解明されていなかった。過去百年にわたって，マネジメントはテーラーの思想である科学的管理の状態には達しなかったが，人事担当部門は自らの役割を測定するツールを開発するために「科学的アプローチ」に専念してきた。例えば，仕事ぶりと職務責任を評価するツールなどである。それらの評価システムは，元来アメリカの軍隊での必要性（ヘイ・コンサルティングなど），戦時のオペレーションズ・リサーチ（OR），その後の作業研究，人事マネジメントなどに端を発している。1950年代と1970年代は契約の問題にその関心が変化していった。1960年代に採択された労使関係法（Industrial Relations Act）は，イギリス政府が人事部門の利益のために，労働組合と企業の関係を成文化したものであった。給与体系として，業績給やその他の業績測定のシステムが開発され始めた。

　1980年代に入って，成長と共にコミュニケーション環境が良くなり，新しい技術が導入されると，ビジネスの世界は，より寡占化し，競争激化の状態へと飛躍的に変化していくことになった。人事部門でさえ，その予算を正当化しなければならない。すなわち寡占状態の中で，最終的には，企業の目標を実行に移せるのは「人間」のみであるという主張をベースにして，戦略との統合・調整することによって初めてその目的を果すことができるのである。

　今までと異なり，多くの歴史ある組織や身近なブランド名でさえ，急速に消滅するようなますます激化するマーケットの競争的環境下において生き残りの必要性が，最も過大に評価される概念の1つとなった。すなわち，株主の価値を追及する結果となり，そこでは従業員はただ単に取り替えることが可能な資源となってしまった。それゆえに，表題の「Human Resource（人的資源）」（人間をただ単に資源としてみなす）の表現は，伝統的に使用されてきた「Personnel Management（人事管理）」といった表現に代わって使用されるようになった。

　20世紀の終わりにかけて，徐々に「資力に富む人間」の輩出を目の当たりに

向のタイプ）のタイプであるとしても，これは「鶏が先か，卵が先か」の議論である。しかしながら，その適用段階で，これらのツールが開発された環境を超えてしまうときに，これらの方法論は有効なのであろうか。その文化が外向的で，感受性が強く，直観的で，洞察力のあるタイプを好むと想定してみよう。そこで，もしある別の文化が知覚することより判断することを是とするならば，マネージャーたちはスタッフをその基準に基づいて選抜すべきであろうか。リクルートの国際化は，他の文化環境では別のタイプが主流になることを明確に示している。

それでは，1人の人間が他の文化で生き残ることができるかどうかを評価する場合はどうであろうか。明らかにマイヤー・ブリッグズの信奉者たちは，チームでの解決策と人間のタイプの相補性を見出すであろう。あるいは彼らは，それらのタイプがただ単に好みであり，すべては個人の中に潜在的に存在しているものという事実に言及するのである。しかし，その質問紙はなぜ最初にお互いに相容れない価値観に基づいて設計されたのであろうか。それは西洋の思考性がデカルトの論理に基づいており，そのことが「二者選択」であり，「並列」ではない選択を強要しているからである。このことは，カール・ユングがMBTIの背後にある重要な概念的なフレームワークを解析したときに，彼が最初に考えていたこととは矛盾するのである。

マイヤー・ブリッグズのツールとその適用内容を形成している考え方をわずかに調整することにより，我々はMBTIの適用範囲を拡大することができるだろうか。また，文化的選択をはるかに超越した貴重なツールに変換することができるのであろうか。もちろん，認定されたMBTIの専門家は，開発目的に見合ったツールの最善の活用方法を知っている。しかし，MBTIは多くの専門家以外の人々により採用や配属の目的で使用されてもいるのである。

人々が採用される文化が多少でも感受的傾向を好む状況の場合に，一方で直観的であることが成功するキャリア獲得の選択肢である環境に実際に直面するときに，人はどのように対処すべきか。

図表7−1　伝統的なMBTIの両極スケール

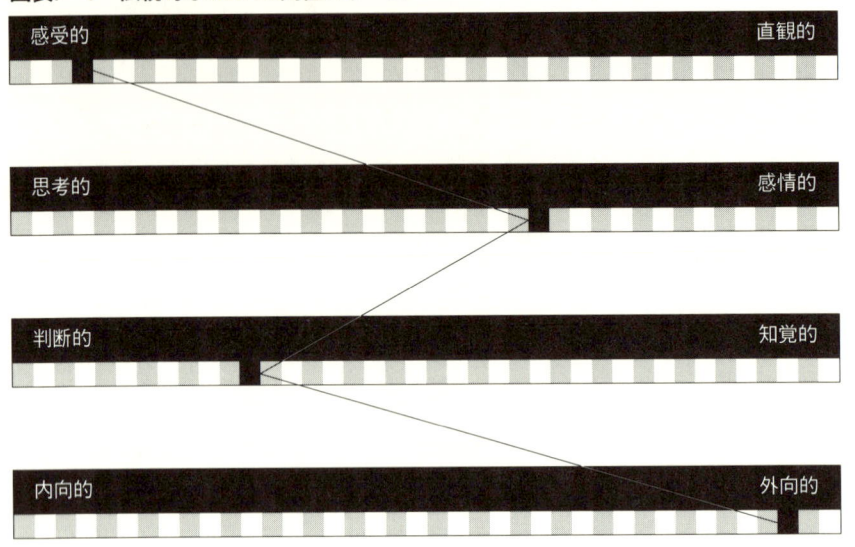

感受的					直観的

思考的					感情的

判断的					知覚的

内向的					外向的

　研究は今までに，これらの尺度と異なった仕事のカテゴリーや機能との相関関係を調べてきた。これは，どの主要なタイプがマーケティングの役割に適合するのか，どのタイプが成功するマネージャーのタイプかを示してくれる証拠となる。しかしながら，ビジネスの国際化が進展すると，この原則が適用できないいくつかの興味深いジレンマと突然向かい合うことになる。

　古典的なMBTI，16PF[訳注3)]とその類似の測定ツールに関する根本的な懸念は，それぞれの次元が1本の軸の延長線上に置かれていることである。MBTIの論理は，被験者であるあなたが感受的か，直観的であるかどうか尋ねるものである。あなたが自分をより感受的であると位置づければ，あなた自身は直観的なタイプではないのである。我々が国際的なコンテクストでMBTIのタイプやその他の関連モデルを適用しようとするときに，それぞれの尺度の極端な部分への固執が抑えられているのに気が付く。MBTIの専門家たちは，確かにチームや組織における選択の多様性を組み合わせることを説明するが，MBTIは両極モデルの質問からどちらかを選択しなければならないようになっているため，このツールから国際的なアプローチを引き出すことは難しいのである。

図表7-2　思考的ー感情的の直線的尺度

思考的	感情的

　このタイプの研究の多くは，世界中に輸出されているが，その起源はアングロサクソン，特に北米の考え方に端を発していることを銘記すべきである。著者グループが陰陽道や道教のような別のタイプの論理を取り込み始めたとき，これまでプロフィルを二極化モデルをベースに作成してきたことに，限界があることに気づいた。この考え方や新しい論理をマイヤー・ブリッグズの尺度に適用してみよう。注意しなければならないのは，我々は，MBTIそのものを非難することよりも，多方向性の考え方に対する著者グループのアイデアを示すためにMBTIを活用していることである。

　思考的か感情的かに対する傾向を調査するためには，次の質問を行う。

　意思決定するとき，次のどちらを最も大切であると考えるか。
a．他人の意見を調べる
b．自分で決める

　この質問で，図表7-2に示されている尺度のどこに，その人が位置しているかを示そう。

　この質問にどう答えるかによって，回答者に適用される主な文化が，自分で決定していく傾向のタイプと，相談に応じるタイプとの，どちらを好むかを決めるときに，洞察が得られる（これはMBTIが考案されたオリジナルなモデルに反映されているが）。しかしながら，多文化の環境下で，人が異なった意見の人々と遭遇するときに，何が起こりうるのだろうか。自分で決定していく傾向のリーダーは，多くの人々がコンセンサスを好む事実に悩むであろう。それに反して，感受的傾向の強いリーダーは意思決定力が明らかに欠落していることから成功しない可能性がある。かくて，我々は思考的か感情的かの明らかに相対する傾向の間で，ジレンマを経験するのである。

図表7-3　思考的傾向からの調和

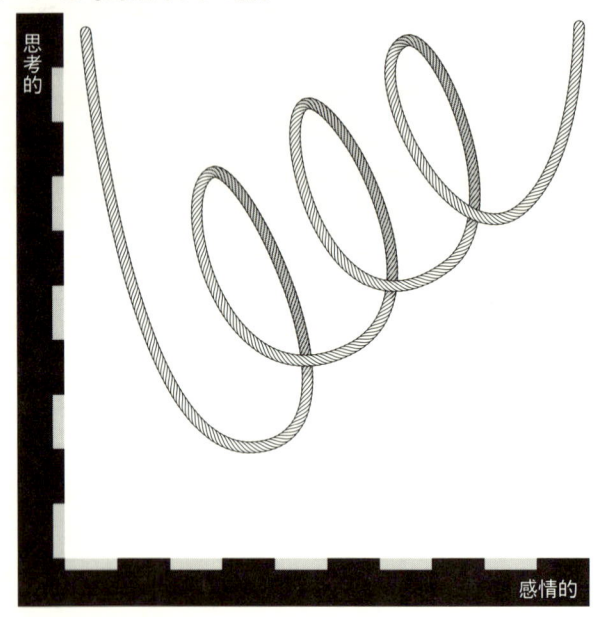

　我々はこのジレンマを調和する個人の特質を評価する選択肢を加えてみたい。
　意思決定するとき，次のどちらが最も大切であると考えるか。
c．他の人の意見を絶えずチェックしながら決定する
d．決定的な態度を示しながらも，他人の意見をチェックする

　「c」と回答する人は思考的傾向からスタートするが，他人の感情を考慮している。こういう人は相反するものをうまく調和している。このプロセスは（図表7-3に示すように）1つの基軸からスタートして，らせん状に上段右のポジションへ行くのである。その時点で，その人は両方の相反する要素を統合している。

　同様に，「d」と答えた人は感情的傾向からスタートし，らせん状に思考的傾向に向かう（図表7-4）。
　そのようにして2つの相反する傾向を統合させるのである。

図表7-4　感情的傾向からの調和

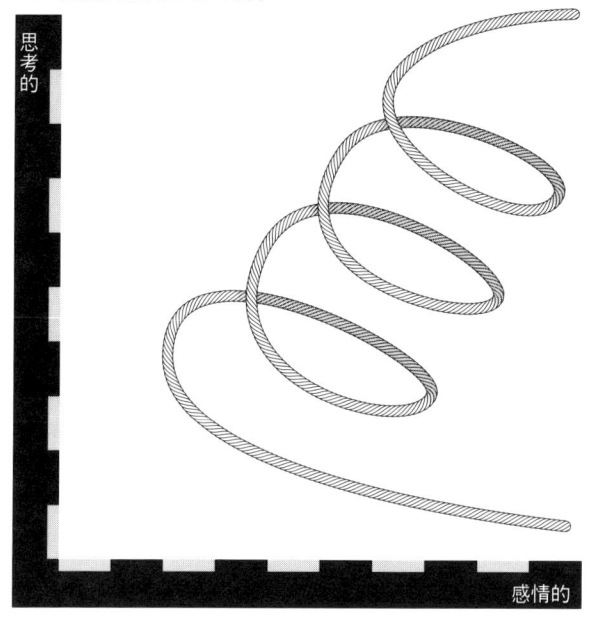

（思考的／感情的の軸に螺旋が描かれた図）

　MBTIの拡張プロトタイプのモデルである著者グループのITI（Integrated Type Indicator—統合タイプ指標）では、各々のお互いに対になる組み合わせに対して、2つの極端な、相反する価値観を示す質問を使用している。しかしながら、著者グループはこれらの極端な事例間に、時計回りと反時計回りの調和を表す2つの新たな選択肢を追加しているのである（図表7-5）。

　この拡張型における一連の質問からの回答を統合することにより、個人がその極端な価値基準を統合しようとする程度を示すプロフィルを計算することができる。

　各々の変数は、拡張された質問に対する回答を統合することにより、0から10までの尺度で計算される。ある典型的なITIプロフィルは単純なINTP普通モデルにと比較して $I^9 e^3 N^6 s^2 T^9 f^1 P^8 j^{7}$ [訳注4] となる。

第7章 ▶ 異文化間の人事のジレンマへの対処法

図表7-5 統合タイプ指標のプロフィル

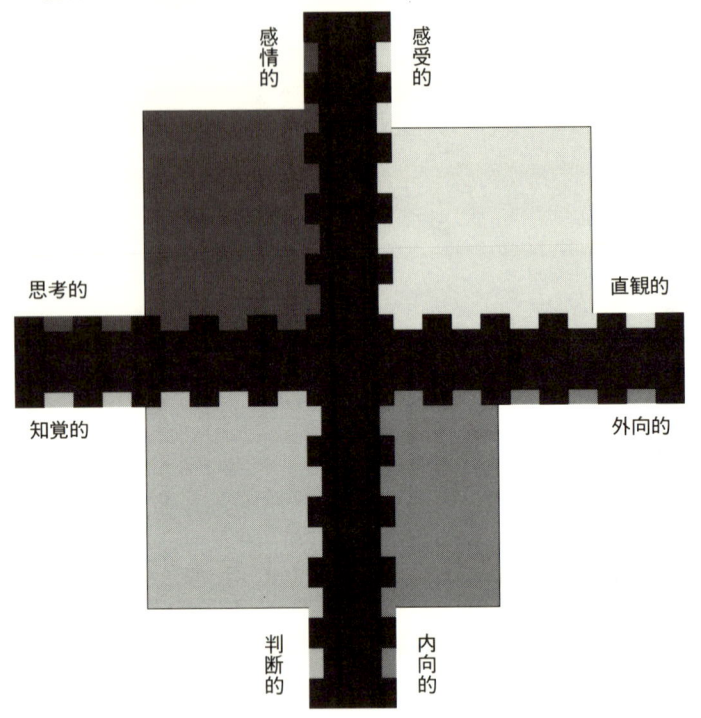

(図：感情的／感受的／思考的／直観的／知覚的／外向的／判断的／内向的 の十字型プロフィル)

それから，調和する全体の特質は以下のとおりになる。

【(内向的×外向的)+(感受的×直観的)+(思考的×感情的)+(判断的×知覚的)】÷4＝％

計算すると【(9×3)+(6×2)+(9×1)+(8×7)】÷4＝26％

　この我々の統合タイプ指標のアプローチの意義は，本書の中で一貫して議論してきたジレンマを個人が調和する傾向を決定することができるところにある。実際には，著者グループは，MBTIの権威や所有権に挑戦するというよりはむしろ，我々自身の研究に基づいて開発された独自のILAP (Inter-Cultural Leadership Assessment Profiling Instrument —異文化間リーダーシッププロフィル測定尺度) を活用するのである。第10章で説明されるように，これは，

著者グループはフィンランドの組織, パルテック社（SISU）と仕事をしたが, この企業はこれを一貫して達成しているのである。

調和にはバランス以上の意味がある。著者グループが提案する統合型スコアカードは, ただ単に4つの要素を算術的に加えるのではなくて, むしろ業績からシナジー的な付加価値を生み出すことになるであろう。

ファン・レネップとミューラーの評価品質の考えを拡張する

シェル社とマーズ社はミューラー（Muller）とファン・レネップ（Van Lennep）によって開発された「基本的評価品質システム」を数年間, 活用してきた。ミューラーは自らのPh.D.の学位取得に当たって, シェル社で仕事をし, どのような項目が社員の組織階級昇進に役立つのかを研究した。彼はいくつかのリーダーとしての資質を発見し, 以下の5つの項目を選択した。従業員の潜在能力はこれらの5つの項目に基づいて毎年検証された。そのシステムは現在, HAIRLシステムとしてよく知られている。

HAIRLシステム
H－（Helicopter）
・ヘリコプターの資質（細部と全体を同時に網羅する資質）
A－（Analysis）
・分析力（問題を細かく分析する力）
I －（Imagination）
・想像力（創造力の感性を活用できる力）
R－（Reality）
・現実の感覚（両足で地面にきちっと立つ力）
L－（Leadership）
・効果的なリーダーシップ（グループの人々を効果的に引っ張る力）

これらの基準は明確に定義づけられ, 少なくとも1年に一度は大学の卒業生（4年生ばかりでなく3年生も含めて）の将来性について評価するために活用された。そして彼らが50歳になったときに達成すると想定される仕事のレベルについて, 彼らのCEP（Currently Estimated Potential—現在予測できる潜在力

指標）を提示したものである。これらのコンピテンシーが，文化的にかなり影響を受けていることは容易に理解できる。1980年代後半における研究［トロンペナールス＆ハムデン・ターナー（Trompenaars & Hampden-Turner），1997］ではこのことを実証し，国による違いが発見されたのである。偏相関を活用した多変量分析で，著者は５つのカテゴリーのうち３つだけがCEPと有意な正の相関関係があることを発見した。「現実の感覚」，「分析力」がCEPと強い正の相関関係があることは驚くことではない。その卒業生たちは研究開発の部門で仕事をしていた。しかしながら，「想像力」が卒業生の潜在能力と負の相関があると判明したのは意外な結果であった。25年以上にわたって確立されてきた実践に代わる新しいシステムを導入するには多くの研究が必要である。

　ある組織の強みと弱みを示すことは簡単なことである。さらにその結果が，いかに主流の組織文化をサポートする（あるいは否定する）のかを示すことも簡単にできる。しかし，いったん分析がある特定の基準の弱さを露呈すると，それはある文化を強く反映している理由から，果たして組織を望む方向に変化させることができる新しい基準を発見できるかどうかという疑問が生じてくる。
　そうすべきだと仮定しても，人を評価するときに，どのようにすれば文化的要素の影響を最少化することができるのだろうか。

　著者グループは，５つの単純な単線型要素条件に相反する面を対比させて，同一の５つの基準に置き換えている。そしてもともと「分析力」に基づいた最初の要素に相対しては「統合力」を付加するのである。相反する要素も反映できる，改良されたCEP指標による評点システムが考案された。
　古い論理によれば，個人の発達度が高ければ高いほど，その個人はより優れた才能を保有することになると想定されていた。著者グループはこの表現に対して反論するつもりはない。それは必要な資質であるが，それだけでは十分ではない。大きな全体を細かな部分に分けて分析する能力に対しても反論はない。多くの複雑な状況では，そうすることが非常に有効であった。しかしながら，一度小さな部分に目を向けたとしても，やがて本質を変化させると考えられるより大きな全体に戻してみる必要がある。もし唯一のアクションだけが取られるならば，大きな内容を犠牲にして分析するためにますますより細かなところ

図表7−6　要素還元主義から全体理解

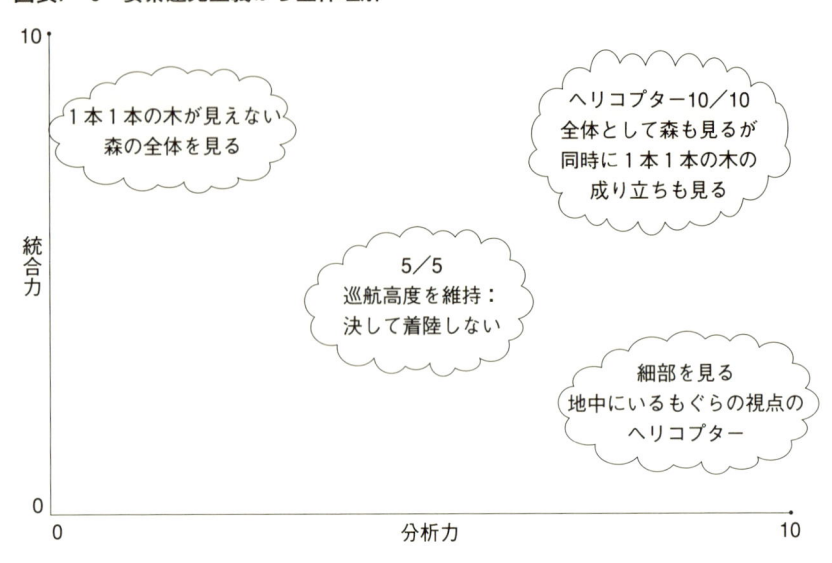

縦軸：統合力（0〜10）
横軸：分析力（0〜10）

- （左上）1本1本の木が見えない　森の全体を見る
- （右上）ヘリコプター10／10　全体として森も見るが同時に1本1本の木の成り立ちも見る
- （中央）5／5　巡航高度を維持：決して着陸しない
- （右下）細部を見る　地中にいるもぐらの視点のヘリコプター

に陥るリスクをとることになる。この分析力の病理学は，墜落するヘリコプターのようなものである。

　同様に，その他のオリジナルな単線型要素条件は，それらと同等の相反する面との組み合わせによって置き換えられたのである。例えば「ヘリコプターの資質」は，「適切な細かい部分に目を向けながら，一方で同時に問題を高い有利な地点からみる能力」として明確に定義づけられている。そのことは，その組織内外における環境の別の側面との潜在的な関係を認識させるものである。それは，ビジネス環境，社会環境，政治環境，そして技術環境に対して繊細となることにより，これらのより広い関係性を十分に考慮した詳細な解決策を生み出すものである。それは何と賢いことであろう。それは森から木を見るのに役に立ち，そして高さや広さを見ることができるのである（図表7−6参照）。

　最後の指標は，組み合わせる能力の業績であり，分析と組み合わせの両方の資質を同時に持った付加スコアになっている。

異文化間で機能する報酬

　報酬制度は，単純な財政的なツールを超えたものである。したがって，報酬制度は多くのマネージャーが認識する以上に本質的な影響を与える。さらに，そのような体系（例えば，業績給）の手段と目的の間の関係は，文化間によって異なった結果をもたらす。なぜならば，その要素に与える意味がそれぞれ異なるからである。

　便宜上，報酬制度におけるウィルソン（Wilson）の類型について参照してみよう。
・給料や賃金のような通常の支払い
・関与する本人の業績に関連するボーナスや他の変動給のようなインセンティブ給
・財政的な安定やサービスの提供を目的とする各種手当て
・証明書，正式な承認制度，昇格などの認定プログラム

　これらの報酬の中で，一方では，現金か現金でない報酬のどちらかを選択することができる。また一方では，すべての従業員対象の報酬か個人の報酬かの選択もできるのである。この2対2のマトリックスによる組み合わせは，戦略と価値観を維持する企業の要請に最も適する報酬プログラムを企業がどのようにして選択しようとしてきたかを説明している。

報酬システムの例	現金報酬	非現金報酬
全社員・チーム	チーム・ボーナス	従業員対象の親睦クラブ
個人	年間の個人ボーナス	属性ステータス―仕事のタイトルまたは広い事務所

　このようにして人事部門は，チームで働くことを希望するまたは好む人々（共同体主義）と自らのために働くことを望む人々（個人主義）の間で発生するジレンマと，現金という形の報酬評価で従業員の業績と属性的なステータスのどちらに相対的に重きを置くのかについてのジレンマを考慮しなければならない。そしてさらに，グローバル対マルチ・ローカルのジレンマを調和するために，報酬システムが世界中で同じなのか，各地域ごとで異なるのか，さらに社

内の部門間や機能別に異なるのかなども考慮しなければならない。

　著者グループの主な業務の1つから，以下のことが判明した。
・変動給による動機づけは多くのシニア・スタッフや，前年に業績目標を達成して成功しているスタッフの中で特に高い結果になっていた。さらに管理やサポート的な役割のスタッフは，研究開発や技術部門の同僚より，変動給により顕著に動機づけが行われることが判明した。
・変動的な報酬の効果は，それらを取り巻く組織制度的な有効性（例えば，順位付けの平等性と内容，業績基準の妥当性の認知度，また，その新しいアプローチに対する情報の伝達度）がどのくらいあるかにより変化する。それは古い自動車に新しいエンジンを設置するときに，エンジン周辺の古いパーツに大変な負荷がかかるのに等しい。
・職務中心の企業文化が強い従業員は，家族型や職位傾向の強い企業文化より，明らかに変動給を評価する。このことは，自分たちが自らの環境をコントロールできると感じる人々や自己中心傾向が強い人々は，運命論者やチーム傾向の強い人々よりも職務中心の制度によって動機づけられるということから実証されている。また，未来志向や感情をコントロールすることを好む傾向の人々は，この新しい業績給を評価することと強い正の相関関係が存在する。

　これらの結論は驚くべき結果ではなく，むしろある程度予想できたことである。しかしながら，それらは汎欧州の政策を発展させる際に多くのジレンマをもたらしてきている。自分自身の生産量をコントロールできないと考える製造部門の機能をどのように取り扱っていったらよいのか。また，ドイツのような役割傾向が強い文化や，継続的学習，忠誠心，キャリアの展望（人はそれにより権威を積み上げ，属性的なステータスを確保する）のようなその他の報酬により動機づけられるフランス，イタリア，スペインのような家族型文化をどのように取り扱ったらよいのか。

　これらの報酬計画の恩恵は自動的に現れるものではない。これは今までに積み重ねた各種の事例により，社員持ち株制度が成功するか否かは，大抵それが適用される文化の文脈によることが証明されているのである。個人とグループ，

図表7-7　ポケットの中のポンド

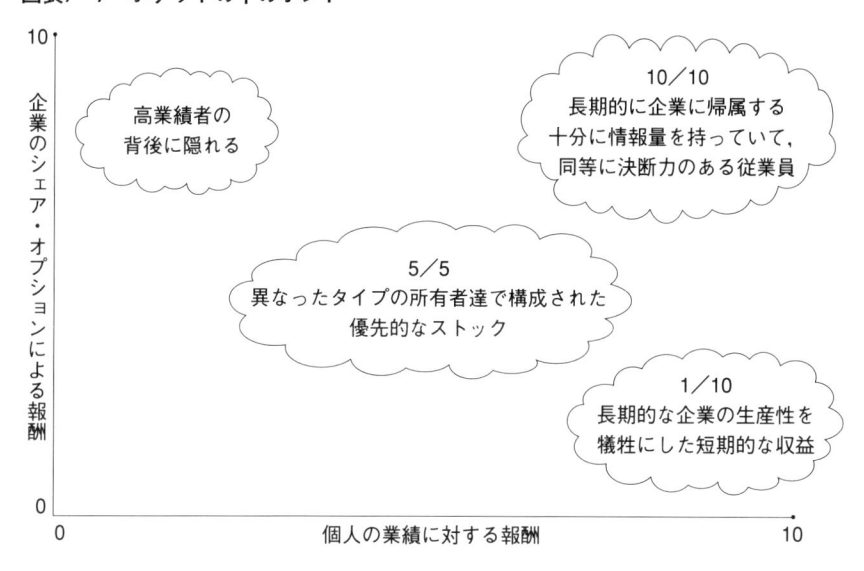

縦軸：企業のシェア・オプションによる報酬（0〜10）
横軸：個人の業績に対する報酬（0〜10）

- 高業績者の背後に隠れる
- 10/10 長期的に企業に帰属する十分に情報量を持っていて、同等に決断力のある従業員
- 5/5 異なったタイプの所有者達で構成された優先的なストック
- 1/10 長期的な企業の生産性を犠牲にした短期的な収益

短期と長期，指示型か参加型か，感情内向性か外向性か等の文化的ジレンマは，文化を統合することにおいてのみ調和されうる。

　シスコ・システム社の全社員を対象にしたストック・オプションは，良い事例である。組織リーダーシップのプログラムだけでは所有者的な文化は作り出さないことを強く示している。すなわちそれはその組織文化を表現しているにすぎないのである。シスコ・システム社の企業文化により，短期の行動を長期の戦略に結びつけるような重要な決定をできるように，個人の従業員に権限委譲がなされるような組織文化の存在があってはじめて，彼らで構成されるチームが活性化されるのである。その上，従業員がその制度を理解することができないためにストック・オプションに動機づけされないのであれば，教育プログラムが提供されるのである。そしてそこには，それが機能しないような文化的環境は存在しえないのである（図表7-7参照）。

　驚くべきことに，今までに多くの研究成果が，金銭が動機づけにはならないことを証明してきている。しかし，エチオーニ（Etzioni）は19世紀に人々を管

1が示すように，買収から全体で平均25%の予想される増加が期待されるのである。

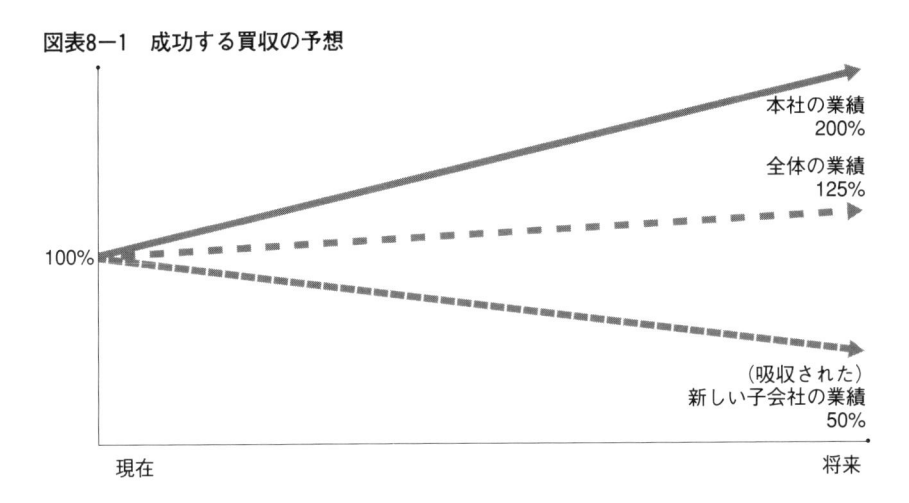

図表8-1　成功する買収の予想

本社の業績
200%

全体の業績
125%

（吸収された）
新しい子会社の業績
50%

現在　　　　　　　　　　　　　　　将来

1年後に，買収された企業の元社長はその買収は成功ではなかったと主張している。彼は（同一のデータを使いながら），親会社は1年前の50%から今ある位置に収益を増加してきたかもしれない。しかし，図表8-2で示されるように，それはその収益の半分を失う子会社によって帳消しにされてしまうのであ

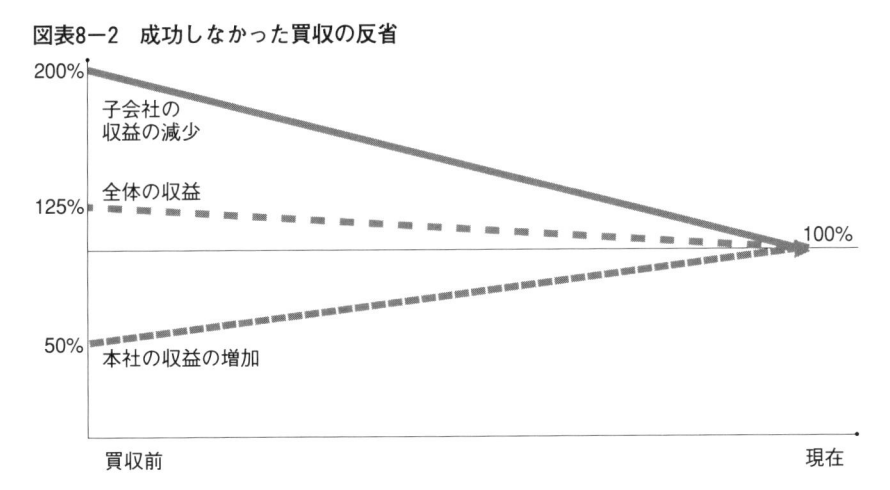

図表8-2　成功しなかった買収の反省

200%
子会社の
収益の減少

125%
全体の収益

100%

50%
本社の収益の増加

買収前　　　　　　　　　　　　　　現在

第8章▶異文化間のファイナンスと会計　251

る。それゆえに，買収の全体的な影響は，1年前の現在のレベルである125%から，現在に至るまで全体で25%落ち込んでいるのである。

異なった意味

ソロモンズ（Solomons）（1986）は，財務諸表は感情的ではなくて冷静中立的に作成されるべきである点を強調して，その客観性の利点を広めようとしている。すべての情報は人間の行動に何らかの影響を与えるが，会計士はその情報を極めて中立的に取り扱うべきである。この結果としては，それぞれの会計士は原則として同じ財務諸表一式を作成すべきだということである。ただし，これが実際にはそうならないことは理解しているのだが。

アルトマン（Altman）（1968）は，破産予告に関する過去の研究の中で，企業買収の問題を考慮しなかった。1995年，ベアリング社が苦境に陥ったとき，イングランド銀行はその損失を引き受けて，その名前を活かすことのできる6行の国際巨大銀行に対して，熱心にその買収を奨励するように働きかけた。少なくともアメリカの銀行産業では，財務的な損失の結末として企業買収が含まれる可能性は高い。しかし，企業買収は，財務的な成功の結果からも発生するのである。

政治的な意志

ある国々では，自国経済や主力政党を擁護するために，異なった形態の財務ポリシーで運営される場合がある。この違いは，麻薬取引業者の弾圧に失敗する政府から，単に異なったレベルの税率を適用する政府に至るまで多岐にわたる。一時，法人税を軽減させるためにサーク島で企業登録をすることが「サーク島の悪ふざけ」[訳注3)]として有名になった。

ある国が有価証券詐欺の撲滅に非協力的であればあるほど，その国は証券取引法の違反者と思われる人々やその不法な取引にとっての悪の温床となる可能性がある。

IMFは国家ベースでも，国際的な組織を通じても「非協力的な」国が国際的な取締機構に加盟するよう奨励することに非常に力を注いでいる。この国際的

なプレッシャーの結果，過去何年かのうちに多くの秘密の温床に何らかの変化が生じてきている。

誰が誰を不道徳というのか
国際的になればなるほど，色々な出来事に対して異なった文化は異なった意味を与えることを思い出さなければならない。顧客の状況からどちらを選択するか，次を比較してみよう。

あるアメリカの電気通信会社が，ナイジェリアの地方政府に対して電話交換機を供給していた。 　現地選出の政治家はその契約の締結「促進」に便宜をはかったことに対して「相談料」を支払うよう要求していた。 　アメリカ企業に対する追加費用は20,000米ドルであった。	あるアメリカ企業は，あるナイジェリアの鉱山会社から，大量の原鉱石を購入することに合意した。その支払契約は，その商品を購入するアメリカ企業がナイジェリアの会社から30日以内に請求書を受け取り，次の支払い期間中に即時にその支払いがなされるという条件で調印されている。 　請求書は，アメリカの企業に商品を配達するのと同じ2月1日に到着した。しかし，2月は30日や31日ではなく，28日しかなかったことから，その承認された請求書の支払いが行われるべき2月中にデータ処理部門に到着せず，3月にずれて到着した。すなわち，実際の支払いは，次の支払期日である3月末になってしまった。アメリカ企業はこのことが彼らの支払条件に合致していることを主張した。 　その支払いの遅延によるナイジェリア企業への銀行の追加利子費用は20,000米ドルだった。

1987年の1月から2000年の2月までIMF総裁であったミシェル・カムドシュ（Michel Camdessus）は，金融市場のグローバル化の最前線にいた。マーケットそのものが非常に高度な専門性を有してきていたが，資金の多くの部分はマーケット全体を資金の不安定な動きにさらさせてきていた。そのことは脆弱な銀行組織，資本移動に対する透明性の不足，市場の進化に追いついていない世界中の財務組織の規則，監督，モニタリング等の環境等の多くの欠点に原因が存在していた。

　言い換えると，このことは，援助の受け側である新興成長市場の国々を周期的な危機やその悪影響によって不安定な状態にさらさせてきた。第2に，発展の度合いに関する限り，グローバル化がもたらす限りない潜在力を十分に，または完全に享受できる国々は極めて少ないのである。最初の問題に対する解決策は，今まで以上に統合されたグローバル経済下における資本流動性を予測することを可能にすることから，世界における持続可能な発展の可能性の機会を高めることができるのである（それはもちろん十分でないかもしれないが）。このことは国際金融システムの改革の重要性，とりわけそのある特定な側面，金融セクターの健全性を表すものである。

　カムドシュ（Camdessus）はさらに，1999年9月28日，ワシントンDCにおいてIMF資金グループの理事にむかって，「我々すべてが理想とする健全な国際的な金融システムは，世界の国別の健全で強靱な金融システムなしには実現不可能である。また，それらは一連の国際的に一貫した透明な基準，適正実施基準に従って統制され，管理されなければならない。持続可能な資本の流れのための環境を確立することは，このような流れを期待する国々が，透明な政策決定に基づいた健全で，良好な経済を確立することによって，投資家の自信を維持しなければならないことを求めることである」と述べている。

普遍主義が唯一の解答か

　これらの原則を承認し，強化するために，最大の産業国であるG7の国々のリーダーたちは，国際金融財政システムの持続した改革を支持することを明確に宣言している。これらの考え方は，産業先進国と新興市場経済諸国とで構成

されるG22の提案の中にも反映されている。そこでは主に国際通貨改革に基づいた提案に，多くの精力を費やしている。そのような改革の主要要素は以下の内容を必ず含んでいる。

・最高の成功をベースにした国際的に承認された一貫性のある最適実施基準や規約
・すべてのマーケットの参加者による透明性の高い行動
・強化された国家財政システム
・資本勘定の秩序ある開示
・新興市場の見返りばかりでなく，リスクも受け入れ，さらに危機を防いでそれを解決することに関係する民間セクター

　すべての政府が一致して従わなければならない義務があったとしても，その仕事は極めて膨大なものであろう。基本的なレベルで求められる変化は必要である。ある国においては，子会社に対前年ベースの比較を困難にする会計年次や日時を決める規則が存在する。例えばアメリカ企業は，カレンダーイヤーベース（12月31日で終わる）で税金勘定を設定することを求めている。多くのイギリス企業は1年の終わりは4月である。つまり4月がイギリスの会計年度の終わりである。

　各国の間で帝国主義的な命令を課すのは，特務機関や政府の役割ではない。必要なのは，多くの例外や実施上の困難をモニタリングすることにより，共通の言語を提供できる標準化されたフレームワークに対するニーズと国家間の多様な幅のある各種ニーズとを調和するために，会計基準を絶えず改善することである。

管理会計

　マネジメント・コントロールの他の分野と同様に，管理会計は何十年にもわたり比較的一貫した形態をとってきている。最近では，マネジメントは，世界基準になることや品質管理（TQM）やビジネスプロセス最適化（BPR）のような変革と符合することを追求する，新しいシステムに対する必要性を認識して

きている。ロスレンダー（Roselender）(1995) は競争優位を達成するために必要な情報を提供できる「適切な管理会計」の必要性を求めている。

　しかしながら，多くの場合は，生き残り，持続可能な成長を維持することばかりに重点が置かれていた。バランス・スコアカードが開発される前でさえ，カプラン（Kaplan）(1997) はジョンソン（Johnson）と共にまったく新しい管理会計の制度の必要性について明確にしてきた。著者グループは彼らが明示して問題を一連のジレンマとして分類することができる。

・組織業績（トップダウン）に対して個人業績（ボトムアップ）を測定する。このジレンマは調和し，解決されなければ，変革を阻害する主な障害となる。
・先をみて次年度の結果を予測することに対して過去に何が起こったかを振り返る。ゼロベースの予算から綿密な計画を引き出すことはできない。過去に何が起こったか，またなぜ起こったかに焦点を当てるのではなく，我々は過去に何を学ぶことができるのか，どのような積極的なアクションを取ることができるのかに焦点を当てる必要がある。
・長期的な戦略的ニーズに対して短期的なキャッシュフローの取り扱い
・長期的な投資評価に対する内部的なニーズに対して短期の利益を報告する金融組織からの外的なプレッシャー。長期的な計画はディスカウントキャッシュフロー（DCF）のようなテクニックの活用による短期的思考に影響されて変化する。このようなテクニックはアメリカやヨーロッパに比べると，日本ではあまり活用されていない。
・関連する情報の流れを生み出し，モニタリングすることに費やされる時間に対して，法的な条項，株主の権限，組織の需要の観点からコンプライアンスを達成するために財務部門で費やされる時間

　フランスにおいては，タブロー・ド・ボール（Tableau de Bord）[訳注4]が，伝統的なméthod des sections homogénes（PRWI）[訳注5]をしのぐ業績とモニタリングを組み込む尺度として比較的革新的なものとして注目されているのは興味深い。

　伝統的な原価計算では，（直接労務費などの収入を生み出す）諸経費吸収要素と支出として取り込まなければならない諸経費との間の相関関係を明確にしな

ル対職務特定スタイルに区別してきた，タナンバウム（Tannenbaum）とシュミット（Schmidt）（1973）やブレイク（Blake）とムートン（Mouton）（1964）などの研究者の研究に基づいているものである。このアプローチの弱点は，両方のスタイル間の関係部分の複雑性を無視しているところにある。さらに，行動理論の中ではコンテクスト（例えば文化）は考慮されておらず，著者グループの研究の成果はこのことが重要であることを示している。

　それゆえに，思考の第3の流れが「状況理論」であることは驚くべきことではない。もし，ある行動面と特性面のアプローチがある事情や状況に関連づけられると，リーダーシップの有効性に関する新しく，納得のいく説明がこの考えから出てくるはずである。いわゆるフィードラー（Fiedler）（1967），ハウス（House）（1971）や，ブルーム（Vroom）とイェットン（Yeton）（1973）等のコンティンジェンシー理論は，環境変数がリーダーシップの有効性に対して有意であることを示している。「唯一の最善の方法」は存在するはずがなく，すべてが状況次第である。

　フィードラーは，例えば，リーダーシップの行動はその有効性を決定する「状況の有利性」と相互に作用し合うという仮説を立てている。彼は焦点が明確で職務志向のリーダーシップは，極端に予測可能である場合も，まったく予測がつかない状況でも，有効に機能すると結論づけている。一方で，人間志向のリーダーシップは平均的な複雑さの状況でより機能を発揮すると結論づけている。ブルームとその他の研究者たちは，リーダーシップを独裁的，相談的，グループスタイルに分類している。それらの選択は，課題の構造，入手可能な情報，意思決定に求められる質などによって異なる。

　これらの3つのリーダーシップのフレームワークは多くの状況を説明しているが，リーダーシップが発揮される場所の文化的なコンテクストに関して，ほとんど注意が払われていないのは驚くべきことである。事実，リーダーたちが現在の世界で直面しているジレンマはほとんど考慮されていないし，言及もされていない。著者グループの研究では，リーダーの最も重要な資質は，相反する両極にあるジレンマを高い次元で調和させる能力であることを示している。

特性理論と行動理論だけでは，文化的な傾向の強い特質に遭遇し，特にグローバル化した世界において問題をどう解決すればいいのかわからないとき，そのジレンマの対処方法に当惑してしまうのである。状況論的リーダーシップは，異なった文化的な環境下では異なった行動を求める。しかし，多文化環境下ではリーダーたちはいかに効果的に行動するのであろうか。

　リーダーシップの新しい理論では，リーダーたちが価値のあるジレンマを取り扱う方法をモデル化することが求められる。著者グループは研究成果から，急速に変化する状況と多文化環境下の今日の時代において成功するリーダーは，その職務を達成するために人間中心のスタイルで運営することが必要であると推測している。リーダーたちは高次元で独裁的な意思決定を可能にするためにも，参画的でなければならない。彼らは非論理的な直感で動かされる論理を論理的に思考しなければならない。最後にリーダーたちはそんな状況にもかかわらず，一貫性のある意思決定をするために，状況に対して非常に敏感でなければならない。そこで初めて，人はリーダーが生まれながらのものなのか，作られるものなのかに気づくことができるのである。周知の通り，これには新しい発想を必要とするのである。

国際的なリーダーシップの新しい理論

なぜリーダーたちはジレンマに直面するのか？

　すべての組織は安定と成長，長期的と短期的な決定，伝統と革新，計画と自由放任，秩序と自由を必要としている。リーダーたちのチャレンジは，これらの相反する両極端を融合させることであり，他を犠牲にして，1つの極端な例を取ることではない。リーダーとしてあなたは，聞き上手であるばかりでなく，人を鼓舞することもしなければならない。また，自らが意思決定するばかりでなく，人に権限委譲をしなければならない。さらにあなたは，各部門の責任をまとめるために組織を集権化しなければならない。あなたは実践的でかつ自由に振舞えなければならない。プロフェッショナルとして，あなたは自分の資料に精通していなければならないのと同時に，組織全体のミッションに情熱を持って接しなければならない。あなたはより大きな脈絡の中でこれらの貢献ができるように，卓越した分析スキルを活用しなければならない。あなたはプライ

オリティーをつけて，非常に注意深くそれらに順番をつけなければならない。その一方で同時平行のプロセスは，広く行われているものである。あなたは見事な戦略を開発し，同時にその戦略が目的をはずしたときには，質問に対してすべての解答を用意しなければならない。効果的なリーダーシップについて，非常に多くの定義があることは当然のことである。

　我々のフレームワークは，文化を超越するリーダーシップのメタ理論として解釈されている。そしてそれは，本書全体を通して流れる論理をベースにしている。著者グループはジレンマを調和する能力は，成功するリーダーとそうでないリーダーを区別する最も際立った特質であり，そしてこれは，著者グループが出した最重要結論と相関関係にあることも発見している〔(トロンペナールス，ハムデン・ターナー (Trompenaars and Hampden-Turner) (2001)〕。リーダーたちは絶えずジレンマを意識することにより，「文化を管理する」のである。このことはまた，文化が組織をリードすることを今まで以上に強調するものである。このリーダーは，組織が何を優れたものとみなすのかを定義づけ，職場の文化が組織のニーズと調和することができる適切な環境を創り出す。結果として，組織とそこで働く人々は優れた結果を出すことに専念できるのである。

統合理論

　統合アプローチの意義は，個人がジレンマを調和させる特質を測定することができることにある。これはリーダーシップの直接的な測定方法である。著者グループは，このジレンマを調和させる特質を「汎異文化間能力」と名づけている。それは，その能力が測定されるいずれの単一の文化を越えて，すべての組織および国民文化にも提供できる確固とした一般的モデルを提供するものである。著者グループの主張は「調和」はリーダーシップの実質的なエッセンスを示しているということである。

　統合指標 (Integrated Type Indicator)（第7章で議論された）のようなフレームワークをベースにしたアプローチは，異なっている。なぜならば，それは重要でかつ基本的な概念的フレームワークを持っているからである。すなわち，マネージャーたちはあれこれ別々の目標を達成するために仕事をする一方

で，有能なリーダーは彼らが絶えず調和することを追求する明らかに「相反する」目標のジレンマを処理することができるのである。相反する点を調和することの重要性についてこれほど知らされているにもかかわらず，それを測定できる尺度がこれまで開発されてこなかったことに驚くのである。

　リーダーシップについて書籍で取り上げられるモデルは，有効なリーダーシップの行動を予測する一貫した根本的な合理性や基本となる特質に欠けている傾向がある。これらのモデルは同じ結果を求める傾向があるが，それらは，何が有能なリーダーを作り出すのかについての既存の知識を取り込もうとするにつれて，アプローチが異なってくる。取り入れられる方法論のために，これらのモデルはレシピに対する一組の食材のような，決まりきったリストにすぎなくなる（あなたはどのような食事が出てくるか推測することができる）。そして実際の食事の全体的な経験を定義づける，合理的で一体化されたテーマが存在しないのである。

　このことは今日の汎異文化リーダーたちに対して，かなりの混乱をもたらしている。彼らはどのようなパラダイムにはまるのだろうか。どのタイプのマネージャーに彼らは傾倒すべきであろうか，自らの文化に合わせるのか，海外の文化に合わせるのか。大抵のマネジメント理論がアメリカや他の英語圏の国々から生まれているので，欧米の自民族中心主義的な危険性が存在する。例えばそのリストがアメリカ以外のリーダーシップの内容を引用したものかどうか，またリーダーシップの概念がいかに多様性に富んだものであるかを知らないのである。異なった文化は異なったリーダーシップのスタイルを必要とするのか。他の文化が無理なく外からの手本に従うことを期待することができるのか。

　リーダーシップを研究する上での難しい点は，有能なリーダーは何をすべきかについて承認されたモデルが存在しないために，この参加者観察の価値を客観的に評価することが難しいことにある。その内容を解釈する観察者にとって，最善のリーダーシップ行動の多くは，しばしば説明できないことが多く，そしてそれらには科学的な根拠がないのである。この観察結果をコード化したり，分類したり，反復したりするのは難しい。果して，確信をもって，そのことが

他の人にも有効であると認識することができるであろうか。

グローバル化する組織のリーダーたちが直面するジレンマ

　大学教育においてもその他においてもあまりにも多くのトレーニングが実施されてきているが，新しい世代の潜在的なリーダーやマネージャーの育成には未だ失敗し続けている。これはいまだに，古いデカルト派の論理と科学的手法をベースにしているからである。すなわち，そこでは問題が閉鎖系として定義づけられていて，選択される変数は測定可能で，管理できる変数に限られるのである。明らかに我々が行わなければならないことのすべては，いくつかの代替となる行動様式を評価し，最低のコストと最高のマージンを提供する行動様式を選択することにある。

　しかしながら，トロンペナールス，ハムデン・ターナー［Trompenaars Hampden-Turner（THT）］グループは，研究結果から組織のグローバル化の将来に求められる4つの主要な提案を引き出してきている。

1．知識と知力は，特に人間関係の分野において，企業文化の中に蓄積される。
2．「戦略」とは，1つの絶対確実なマスタープラン，あるいは「壮大な戦略」ではなく，多くの試行錯誤と一時的な試案から構成されている。
3．絶えず活動からのフィードバックをモニタリングすることにより，うまくいかない試みを排除して，より成功に導く試みを探索するときに，学習が可能となる。成功への確信は，何が顧客を援助し，あなたに利益をもたらすことができるかを絶えず追求することである。
4．変革のマネジメントは，古い状況の価値観を捨て去るのではなくて，付加価値をつけることに基づいている。

　すべての文化や企業は，例えば十分に集権的であることと，高度に分権的であることの両方を同時に追及するジレンマの解決を慣れた方法で実施してきた。リーダーの仕事はこれらの明らかに相反するものを統合することである。ある企業が成功するか否かは，（他の要素の中でも）企業の各部門がどのくらい自立していて，この自立から生じる情報がいかに十分に集約され，調整されるかに

かかっているのである。

　もしリーダーが常に情報を集約させなければ，分散された機能はまったく独立したものであろう。もし各種のビジネスユニットが現地の情報に基づいて自由に行動できないとすると，本社機能は価値を減耗するのであって，付加することはありえないのである。いかなるネットワークも，分権化された行動と，集中化される英知のそれぞれの価値を微調整することにより，初めてそれ自身機能するのである。そしてその結果が多くのビジネスユニットにフィードバックされるのである。

　過去数年間，トロンペナールス，ハムデン・ターナー［Trompenaars Hampden-Turner（THT）］グループは，ただ単に顧客に価値基準のチャート上の違いを表示することにより文化の違いを理解させることを手助けしてきたわけではない。THTグループはデータの収集，分析，プロフィルの方式を拡大し，当事者が文化間とその価値傾向間における差異を尊重する時に発生するジレンマを表にあらわしてきた。

　ビジネスのリーダーは非常に熱心に，これらのオンラインのシミュレーション方式の「インタビュー」を受けてきた。彼らは複数の選択肢のある質問に答えるのではなく，THTグループで周到に準備した記述式の回答形式の質問に従って答えている。ここでついにビジネスのリーダーたちは（しばしば匿名で），現実世界でおこる問題，競合する優先事項，需要，価値観の間のジレンマを解決しようとして直面する実際の問題を整理することができるのである。これらのリーダーの反応をベースにしたTHTグループの新しいデータベースは，意義のある見解を引き出しているが，非常に莫大なデータ量のため，より精緻な分析が必要になってきている。その分析により，こういった自由に記述された文章に含まれる質的な深み，価値が満載された情報を引き出すことが可能になるのである。

　その目的は，共通に発生しているジレンマを顕在化し，現代のリーダーにとってどの問題が実際に重要で，実際の関心があるかを区別することにある。ソ

図表9−2　統合化−差別化グリッド

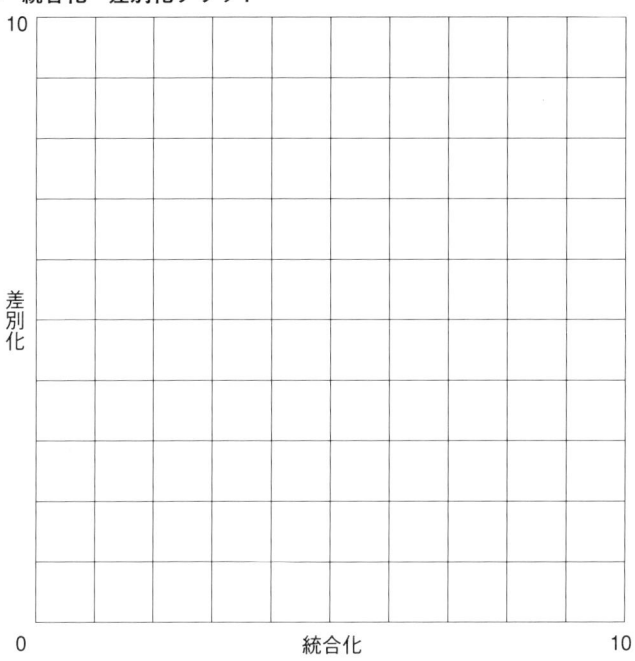

（縦軸：差別化　0〜10、横軸：統合化　0〜10のグリッド）

多くのジレンマが発生している。

　著者グループがある特定部門に関連して見てきた，主な一般的なジレンマには次のようなものがある。

1．現地顧客とブランド 対 グローバル顧客とブランドの問題
2．マーケティング 対 研究開発
3．人事のプロセスの分権化 対 人事システムの集権化
4．形式知 対 暗黙知
5．サービス文化の全体的統合化 対 特定のサービス化

　ここでは，マーケティング 対 研究開発の部分を見てみよう。

組織はどのようにすれば最も有効であるかに関して，各種の異なった見解が存在する。1つの見解は，その中核となる技術を押し出す（テクノロジー・プッシュ）であり，もう1つの対立する見解は，マーケットに合わせる（マーケット・プル）である。

一方では	他方では
最も基本的なプロセスは，中核となる技術を押し出すことである。顧客に対する優位性を維持するために，絶えず新製品を開発することを継続して確実に実施する。技術がマーケットを創造するのである。	最も基本的なプロセスはマーケットにより引っ張られることである。そのことにより，我々は顧客と接点を持って，彼らのニーズにすぐに対応できる。そういった情報が必要な製品を生み出すのである。

　ここでは，参加するリーダーに前の2つの例示で示された同じグリッドを作成するように求める。その上で，ジレンマの背後にある基本的な問題と調和への道程を明確にする方法を検討させるのである。

グローバル化に関連するリーダーシップのジレンマ

　グローバル 対 ローカルの難題を調和させるための異なったアプローチは，世界中のそれぞれの異なった地区で見られるが，ここにいくつかの例が示されている。日本人にとって，今後の生き残りの唯一の方法は，非常にハイコンテクストな日本の環境からビジネスを国際化させることである。

　マトリックス組織タイプについて，アングロサクソン以外の世界ではほとんど成功事例が見られない構造的なジレンマの本質がしばしば取り上げられるようになってきている。アンドレ・ローラン（André Laurent）がなぜマトリックス組織がフランスでは失敗したのか調査した研究を発表したのは1980年代の初めだった。しかし，それに代わるものはあるのか。

　グローバル化のプロセスの中でこれらの主要なジレンマが取り上げられている。

> 1．遠隔地からの管理 対 対面のマネジメント
> 2．ローカル化 対 グローバル化
> 3．マトリックスの責任の共有化 対 ビジネス・ユニット別責任体制
> 4．現地のベストプラクティス 対 グローバルポリシー
> 5．現地適応化 対 1つの定義づけられた世界的統合化

　何が良いリーダーシップを作るのかに関しては多様な見解が存在する。そこで対面のマネジメントと遠隔地でのジャストインタイムのマネジメントとの間のジレンマを考察してみよう。

一方では	他方では
直接的なレポートがリーダーに物理的に近い状態で行われ，一対一で対面で正否の問題を議論できる時に最も機能する。お互いに近い所にいることほど効果的なコミュニケーションのために重要なことはない。	直接的なレポートが遠隔地で処理され，e-mail，電話，ビデオ会議などのあらゆる手段のメディアを活用して適切なレベルのコミュニケーションが保って仕事を機能させる。

多様性から発生するリーダーシップのジレンマ

　ビジネスの多様性というトピックスはますます重要になりつつあり，世界中の多様化に対して多様性のあるアプローチが必要になっていることは明らかである。しかし，そこにも同様の論点がある。

　女性の役割の多様性は良く取り上げられる。1つはなぜ女性はビジネスでは妥協を好み，ビジネス以外では男性より有効に調和するのか。女性は，画一的なビジネスの世界における規範よりも，より創造的な解決策を見い出そうとしている。

ここに多様化の問題で挙げられる主なジレンマがある。

---

1. 異なった役割 対 性別の類似性
2. 現地適応アプローチ 対 グローバルな多様化アプローチ
3. グループの一員 対 価値観の多様性
4. 拡散化 対 集中化
5. 文化の多様性 対 平等な機会

企業の中で平等な機会をもつことがいかに大切か,あるいは価値観や文化のより多くの多様性をもつことがいかに大切であるか等に関して異なった見解が存在する。そのことに関するジレンマを見てみよう。

一方では	他方では
企業が成功するためには,平等な機会をもってプレーできるフィールドレベルが存在すれば,より効果的である。この場合,出身地にかかわらず,公平な競争でトップに行くことが可能である。	企業は,もしある特定の人種や文化の多様性の度合いを制限できるのであれば,より効果的である。この場合,多くの特別な価値観や例外的な能力が製品に付加されることにより,プロセスを改善することができるのである。

企業のアイデンティティー, 文化, 変革に関するリーダーシップのジレンマ

　第4章と第5章で,ビジネスと科学的論文において文化的背景がいかに軽視されてきたかについてコメントしてきた。変革のマネジメントに関する論文でも,いかに,なぜ,アングロサクソンモデルが主流を占めているのであろうか。それは,アングロサクソンのモデルそのものが,職務傾向を重要視するためか,または人はできる限り速く古いものを忘れるべきであるという思考が強いため

だったからか。これはイギリスやアメリカでは通用するかもしれない。コア・バリューの役割は，この分野においてもジレンマを生じさせるのである。国際的な多くの部門を持つ組織はコア・バリューとなるいくつかの価値観を共有することができるのか。1つの国や部門では価値のあるものとしてみなされるが，別の国や部門ではまったく価値のないものとしてみなされる可能性がある。コア・バリューは，人々がただ単なるお飾りの誓約としかみない抽象的な状態に変質すべきではないのである。

　これまで説明してきたように，人が組織を変革させようとするとき，企業文化の影響が考慮されなければならない。あなたは新しいビジョンの内容で新しいゴールを設定することを望んでいる。そしてそのビジョンを信じない人を解雇することを望んでいるかもしれない。人はどのように，この論理が通じない文化的環境を取り扱うのか。

　ここにアイデンティティーの分野における主なリーダーシップのジレンマがある。

1．忍耐 対 変革
2．オペレーションを熟知するための多くのアイデンティー 対 コア・バリューに対する1つのアイデンティティー
3．トップダウンの価値観 対 ボトムアップの価値観
4．信奉する価値観 対 活用されている価値観

　良いリーダーシップを構成する異なった見解が存在する。ここでは，ボトムアップとトップダウンの価値観を考察する。

一方では	他方では
直接のレポートが立派ではあるが，あまり成功しそうにない形で出てきた場合に人は指導しようとする。そしてそれらを自ら進んで，実行可能な項目に変更するように支援する。	直接のレポートがいつ実施されるべきなのか，何をすべきなのかについて方向性を明確に示されるときに人は機能する。

人と人事を管理するときに発生するリーダーシップジレンマ

　人事に対する全体的なジレンマは第7章で取り上げているが，ここで次のように主なリーダーシップのジレンマを要約してみる。

1. 主観的な観察・評価 対 客観的な観察・評価
2. 異論をとなえる個人的な確信の表現 対 チームワークおよびマネジメントの意思決定に対する忠誠心
3. 生産性 対 人材開発優先
4. 評価基軸としてのバランス・スコアカード 対 開発基軸としてのバランス・スコアカード
5. ゼネラリストとしてのキャリア開発 対 プロフェッショナルなキャリア開発
6. 人々を教育し，マネジメントすることの重要性 対 商売上の成功の重要性
7. 失敗回避 対 リスクをとる
8. チームの責任 対 個人の説明責任
9. 人間傾向 対 職務傾向
10. 管理・説明責任 対 起業者精神
11. 効率性 対 柔軟性
12. 管理するのか 対 教育的指導をするのか
13. 学習のより基本的なプロセスとしての協力 対 競争

性質に関連するものである。取りも直さず，その問題の本質を明確にし，抜き出して処理することである。次にトップのリーダーたちが彼ら自身がかかわる問題の解決に積極的に取り組むという環境を前提にして，そのような思考と行動の調和方法を導入するやり方でもある。これはトップのリーダーの支持を最初から保証して，将来的にそのプロセスを社内に根付かせることに対する彼らのコミットメントを得ることに役立つ。

この最初の対面インタビューの段階後，THTグループのオンラインの対話式WebCue™を，組織内の多くのリーダーやシニアマネージャーに対して活用することにより，上記の内容を相互確認することができる。

CEOとその他の中核となる戦略家との対面インタビュー

トップからスタートする利点は，戦略を打ち出す人々からの直接的な命令を発展させて，その後に続く活動すべてがその活動を実行する手段となりうることである。このことにより，企業のミッションや戦略が求めるコンピテンシーを醸成することができるのである。これらすべてのコンピテンシーは新しいスキルを用いて対処しなければならない方法論とその内容を発展させるのである。

このジレンマへのアプローチは，あれやこれやのポリシーが内包する問題を明確にしてすべての人々の合意を得るために役立つのである。それはまた，極端に走る方向性を非難することもある。シニアマネージャーの発言は，そこに進展を計画できるポリシーマップに変換できるし，その収益を測定される。一方であなたは全権委任をもって行動できるのである。

ジレンマ・フォーマットの利点は，リーダーたちが質問を提起して，重要な問題を明示することにある。そして，その問題に対して残りのチームメンバーが解答と解決策を模索する義務を負うのである。リーダーたちが世界の隅々まで知り尽くすことはますます不可能となりつつあり，また，知り尽くそうとするべきでもない。リーダーたちはジレンマが何であるかを知る探索者のトップ (Inquiries-in-Chief) にならなければならないが，その解決策を見つけ出すのは，彼らのチームメンバーである。異文化の能力はトップから命令されて身に

付くものではない。間違いと訂正の繰り返しで学ぶ必要がある。その優秀さを定義づけるのは，ますますビジネスリーダーの仕事になってきている。従業員をそこまでもっていくのを手助けするのが，人事部門とその他の部門の仕事である。リーダーとメンバーの間には，本物の尊敬が存在するのである。すなわち，その尊敬は，リーダーは重要な問題が何であるかを知り，メンバーは顧客に近いので，問題の解答を見つけることができる。対話の基本は，質問には答えが必要であり，理論にはそれらを確認あるいは論破するデータが必要であり，ジレンマには調和が必要であるということである。

コンサルティングの仕事を通して，リーダーシップの統合理論が，選抜，チームビルディング，学習等，多岐にわたる主要なビジネスプロセスにおいて，有効であることが理解されてきている。選抜のツールには，第7章で述べられているような方式で，異文化のコンピテンシーを「細かく調査」できる方法を採択するべきである。特に著者グループはMBTI（Myers-Briggs Type Indicator）の内容を両極だけのツールから拡張し，問題のリーダーが調和する特質をどの程度もっているかを測定できる2つの側面尺度を開発してきた。［トロンペナールス（Trompenaars）＆ウーリアムズ（Wooliams）（2002）］。著者グループは，リーダーたちがチーム内や学習環境下で起こるジレンマを調和することにより，実践の場で極めて有効となることも発見してきた。

WebCue^{TM}*の活用*

すでにオンラインWebCue^{TM}の「インタビュー」ツールについては触れてきた。組織内にジレンマの思考性を根付かせようとする状況の中で，著者グループは，実際のワークショップの前に，顧客や参加者からの鍵となる関心の問題点を把握するために，WebCue^{TM}を活用している。ここでの目的は，参加者に対して適切である問題を直接提示し，インタビューの内容を確認することである。著者グループは，ワークショップのプレゼンテーションや内容を顧客に合わせて作成するために，収集されたデータを継続して分析している。

このプロセスを通じて数多くの生きたジレンマを把握することで，フェーズ2へのインプットとして極めて豊かな内容を提供できる。最近では，著者グル

ープは出てきた回答を分類するために見出し語別の分類や他の言語学的手法を導入してきた。

フェーズ2：実際の仕事の場を通して，ジレンマ調和方法論を移転させ，根付かせる

対面のインタビューとWebCue™のジレンマ把握システムからの結果を分析した後，トップリーダーが注目したい重要なジレンマがどれなのか，合意をとるようにしている。大抵複数のジレンマが挙げられる。THTグループでは，我々のコンサルタントの1人によって実施されるワークショップを，調和のプロセスを始める主な伝達の場としてとらえている。このようにして，インタビューを通して挙げられ，WebCue™で確認される主要な問題は，すでに活用される準備ができていると言えよう。

理論を実践させる

明らかに相反する価値観を調和させる特質は，今日の世界で有効なリーダーになるために持つべき中心的なコンピテンシーであると繰り返し述べてきている。それは素晴らしい主張ではある。しかし，リーダーやそのリーダーによって指導されている組織を指導することにより，彼らが果たして本当に統合的な考え方を身につけて，活用することができるようになるのであろうか。

著者グループは通常，早期の原因分析の段階で集めたジレンマの体験をもつ20－30名の「国際的に移動可能な」マネージャーのグループを育てることからスタートしている。彼らはILAP（Inter-Cultural Leadership Assessment Profiler—異文化間リーダーシッププロフィル測定尺度）のオンライン質問紙を前以て記入している。ワークショップではかれらの個人プロフィルを配布し，その結果，彼ら自身の価値観がその方法論に照らして説明されることが可能になる。各々が多様性のある価値観との関係に対して貢献していると，彼らが認識することが非常に大切なのである。

我々は，ワークショップの早期のセッションを，参加者にジレンマを認識させ，枠組みを作らせ，ジレンマを調和させる機会として活用している。さらに基本的

な説明主導の詰め込み式のブリーフィング方式ではなく，各々のチームに職場で彼らがどのようなジレンマに遭遇しているかを語らせ，自らの問題を調和できるように作業させる。典型的には，小さなチームの参加者たちはそこで7から10個の組織文化（サブ文化）に代表されるジレンママップを作成するのである。

　人材開発的なワークショップにおけるグループワークでは，判断と分析の質が，フリップチャートに描く筆記者の手書きの読みやすさと描画能力によって影響を受けることがある。そのため，著者グループは各グループがソフトウェアにより作成されるテンプレートを活用し，彼らのジレンマ，形容語句，行動提案事項を構築できるように，THT GroupCue（グループウェア）を開発した。ここで入力されたデータは，瞬時にジレンマに関するパワーポイントのプレゼンテーションに簡単に変換できる。その結果，各グループはビデオプロジェクターを使って，参加者を対象にプレゼンテーションが可能となる。これはブリーフケースにフリップチャートを詰め込んでもってくるよりは，内容をコンピュータに読み込むことができる豊富な内容のデータベースを活用できるという重要な副次的なメリットがある。後で，その最初のパターンを紹介しよう。

　同じ組織に対するそういった一連のワークショップの後で，同じジレンマ軸中のパターンが組織内で繰り返されて，世界中の色々な場所で発生するジレンマを指摘することが可能になる。その段階で，企業内における危険と機会の所在を明確に把握することができるのである。

　いかなる種類のリーダーシップトレーニングも行き詰まりになったり，わずかに実施されるだけで終わらないように，結果に対して実際の貢献ができるように関連づけなければならない。そのような人材開発を成功に導くために可能ないくつかの試みがある。特にトップのマネージャーたちに最終日には各チームのプレゼンテーションを聞いてもらい，最優秀チームに対して彼らが提案する変革の支援者として，精いっぱいの組織としての賞賛をを与えることは意義があることである。理想的には各チームはそれぞれの組織に相談すべきであり，それによって各チームは企業の無反応な組織に刺激を与えることなしに活動できるようになるのである。なぜならばそのチームが，企業そのものの構成員で

あるからである。本章の後半で述べられているが，THTグループのウェブベースのThroughWise™ System（スルーワイズシステム）によって，彼らはお互いに場所は離れてはいるけれど，ワークショップ後でも共感を持ち続けることができるようになっている。

　これらの調停セッションの目的には次のようなものがある。
・調和をベースにして，ここでは既に仕事の現場に存在する価値システムにとって馴染みのある一貫した価値システムを創造する
・富の創造と価値の調和との間のしっかりした連携を作り出す。価値は統合されるものではなく，付加されるものである
・カルチャー・ショックの現実的な理解と，そこから学ぶために必要な感情能力を発展させる。文化についての間違った対応がいかに高いものにつくかを冷静に評価させる
・文化の内面に入り込み，その文化の核となる仮定を把握する能力を開発する。そのような行為を，これらの文化的仮定に基づいた1つのパターンであると見ることができるようになる（ここではやってよいこととやってはいけないことを取り上げているわけではない）。それにより，あなたは新しい要求に対してその回答を予測できる
・あなた自身の信念を放棄することなく，むしろ両社を統合することにより，別の文化に尊重して適応していく
・選抜されたマネージャーの知識や経験を活用して，顧客と対応する際の6つの繰り返し発生するシステム全体のジレンマと，その倍ぐらいのその地域内で発生するジレンマを見つけ出す
・一般的に異なった人材を含んだ最も可能性のあるケース（事例）を作る。それは理論的には，その顧客の住んでいる国々において，差別されているマイノリティーまで含んだケースを作る
・既に十分な資格のあるチームに対しても時々，挑戦を仕掛けるようにシニア・マネジメントに求める
・学習の目標を測定し，評価する。「我々がその目標を達成しているかどうかをどのように知るのか」，「どのようなバランス・スコアカードが手に入るか」等を質問することなしに，人々に異文化能力を強要するのは好ましくない

調和の考え方の効果

　これらの考えのいくつかを表すために，著者グループが受け取ったフィードバックのいくつかの事例を示そう。全体としては，ジレンマを中心にしたワークショップについては，かなりお褒めの言葉をもらってきている。例えば「啓発的」，「奥深い」，「印象的」などである。しかしながら，中にはそれを活用することに四苦八苦していた人もいるし，いつもの仕事の状態に戻ってしまった人もいることを我々は認識している。次の表現が典型的である。

「個人的には私はジレンマ理論を支持したい。それは新鮮で現実的であり，今の人生そのものである。それは決して100％，正しいのか，間違っているのかの問題ではない。ジレンマの論理は非常に有益である。他の人々が活用できるようにもっと広めるべきである。」

「ワークショップはうまく時間管理されていたと思う。人々がもっと広く思考する必要があるときに，目覚めさせた。しかし，今は学んだものを応用してみるときだ。学ぶことを止めて，実際の問題を解き始めるときである。勉強するときではなく，それを実際に使ってみるときが来ている。我々の参加したエグゼクティブのワークショップは非常に印象的であった。しかし，機会の窓が開いている一方で，ワークショップに参加したことが，それを活用する上でどのくらい役に立つのであろうか。」

　面白いことに，すべてのジレンマが同じように重要であるとはみなされていなかった。

「私は実際には，より哲学的なジレンマを好む。なぜかというとこれらのジレンマは幅広く一般化されるからである。一方で我々が取り組んだジレンマのいくつかはあまりにも単純なものであった。私のチームは大きなジレンマを選んでこれに集中した。今はこれを組織内で適用するときである。この問題はどのように答えるかではなく，どのようなジレンマが存在するかを認識することである。これらの大きなジレンマを見つけ出し，自分の組織の人々にこれを体験させるのが私の役割である。それは非常に質の高い促進活動であ

の中に存在していることがわかるであろう。

「我々は真実に直面してたじろぐ。しかし何も起こらなかったごとく，起き上がって急いでそれにあわせようとする」とウィンストン・チャーチルは書いている。ジレンマ理論の価値は，あなたが何につまずいたかを調べるためにそれを活用できることにある。例えばあるビジネスユニットが，インドネシアで大変な成功を収めたとする。それはなぜであろうか。我々はこの実績をどのようにして達成し，そのことから学ぶことができるのであろうか。たとえ本能的な行動により，成功が収められたとしても，模倣されることができるのか，あるいはある意図した目的で，それとも念入りに計画されうるのか。

著者グループが，機会をとらえることに対して戦略的な思考性の相関的な重要性について，そしてそれらが企業の戦略の一部であるかどうかについて，インタビュー対象者に質問したとき，ほとんどすべての人は機会をとらえることを重要だとして選択した。次のような顧客の言葉がある。

「戦略あるいは機会のどちらを選択するかという問題が，我々にとってのジレンマであることについてはまったく同感である。そして我々は，明らかに仕事の継続の中で機会の方に傾いていることにも同意する。我々は顧客が求めるものを実行し，そのことが，大抵は自然と，我々を変えるのである。我々はただ機会をとらえに行く。しかし，我々の成功にはあるパターンがあり，これが何であるか，どのような価値観が我々の最も成功したビジネスユニットにより応用されたかを発見することは，我々の得意とするものを発見することにより戦略を引き出す方法論の1つである。成功事例を調べることにより，我々が学ぶことができるものが，我々自身の文化に最も適合しているものである。そして，我々は我々のコア・コンピテンシーを発見し，これらを追求することができるのである。」

「私は，著者グループのコンサルタントが機会をとらえることから始めることが得策であると考える。そして，どんなジレンマが調和されたか尋ねてみる。組織の他の部分に対して，戦略的な教訓を提供しているかを描いてみる。し

かし，顧客対象のビジネスは極めて複雑であることを忘れてはいけない。これらには大変な時間と，詳細な部分とケアが必要である。講義を受けている人々を利用するコンサルタントの提案は上手なやり方である。なぜなら，自分自身の言葉でそれを説明することができるようになる前に，コンサルタントの方は我々がすでに知っていることが何であるかを一生懸命勉強しなければならないからである。」

「戦略は滅多に描かれないし，壁に貼ることもできない。それらは人々が何をするか（何をしたか）から，推測される。我々の顕著な成功のいくつかを説明したい。そうすることにより，この組織にジレンマ理論を根付かせることはさほど難しくはなくなるだろう。」

　成功事例を追求し，それらを公表して，それらを自らがその内容の主唱者を演ずる考え方は，良い考えである。それによって抽象的なことを具体化させ，あなたの考えが実践的かつ適切であることを示す。著者グループの見解では，その最善の事例のいくつかはアジアからもたらされている。アジアの国々においては，著者グループの存在感が薄いことから，各国の現地の事務所との提携が必要となる。そして調和を橋渡しするいくつかの良い事例を手にすることができるのである。

「戦略と業績目標の契約内容をジレンマとして表現することは可能か。もし可能であれば，ジレンマの調和は我々のシステムの中に根付く可能性が高い。新しい顧客グループに対して戦略を打ち立てる必要がある。そのために，成功事例からジレンマを描き出すことは，非常に有益である。業績目標の契約内容はその部分である戦略をテストするものになるべきである。」

「戦略はいくつかの業績達成行動に分類されうる。しかし，これらの諸行動は細分化された業績達成行動の単純な合算以上のものである。もしすべてのシステムが同様の論理を持っていて，これらが多かれ少なかれ，何らかの成功をもたらすのであれば，そのとき我々は我々自身について多くを学ぶことができる。」

「なぜ，ある産業では他の産業より良い結果を残すことができるのか。なぜ，大企業より中企業で，なぜ，他の国ではなくていくつかの国において，良い結果を残すことができるのか。もし我々が『成功から学ぶこと』ができて，その教訓を一般化できるのであれば，我々は強い地位を維持することができる。」

インタビューに応じた人々の何人かは，著者グループに対して，「人事タイプ」と「講師タイプ」のプレゼンテーションから一線を画することを単刀直入にアドバイスしてくれた。なぜならば，これらのタイプは実際の顧客になることに利するものが少ないと，不公平に見られているからである。そうかといって，我々は前面に出るべきではない。むしろ成功をすでに収めてきた人々に，彼らの成功に基づいて説明させるべきである。一方で，ジレンマの調和がこれを説明してきたことも明確にすべきである。もしジレンマを解決することが，明らかに良い業績につながることを説明できれば，顧客はこの論理をすぐに内化する方向に持っていくであろう。さもなければ顧客は抵抗するであろう。ここでは顧客が自分自身の言葉で実施することがカギである。

「小さなビジネスユニット間の有益な意見交換は起こらないであろう。私はそれぞれのビジネスユニットが他部門，または他の人々と具体化できる成功事例を持ち寄るようにお願いしている。それからその成功をすべての人にとって共通の言語で説明するようにお願いをしている。」

「あなた方は，ワークショップで参加者に次のことを尋ねるべきである。『あなたはこれを信じますか，Yesですか，Noですか』。もしその人が『Yes』と答えるならば，あなた方はその人を優れた人，ジレンマ理論の成功事例として取り扱う。それから，彼らに成功したジレンマの解決例として彼ら自身の体験を提供するように求める。これにより，あなた方の理論を十分に活用させることが可能になる。」

「成功するビジネスユニットに加えて，あなた方は非常に成功した業績目標契

図表10-5　コストか，付加価値か

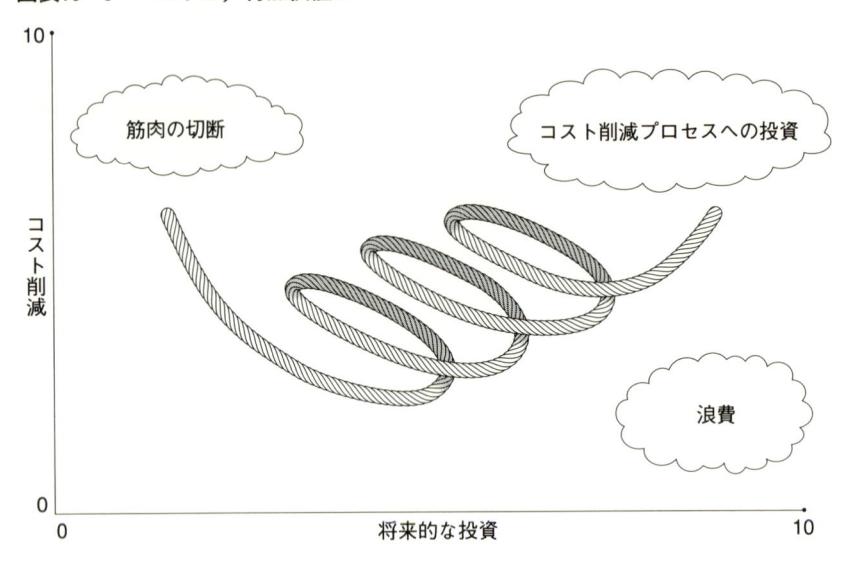

縦軸: コスト削減 (0〜10)
横軸: 将来的な投資 (0〜10)

- 筋肉の切断
- コスト削減プロセスへの投資
- 浪費

約を学ぶことができる。そしてその主唱者に彼らがどのようにして成功してきたのかを聞くことができる。もし我々が何らかの形で一緒に考えることができるのならば，これは行動を促し，成すべき課題を引き出すだろう。」

「私は，コンサルタントが我々の同僚の1人に話をすることは賢明であると考える。その同僚の1人は，我々の行動についても最も深く考える人の1人で，ブラジル，シカゴ，オランダで顕著な成功を収めている責任者である。私は彼が我々が何処で何故成功するのかを表示することにより，成功事例をモデル化する努力に対しては全面的に評価するであろうと確信している。」

「私は，自分がジレンマ理論を先日，正しく活用したと思っている。繰り返し発生するジレンマは，将来の成長のための投資ニーズとコスト削減ニーズの問題である。それはコストを削減するプロセスに投資することにより，調和ができるようなものである（図表10-5参照）。」

「私は100名の金融アナリストたちに提示して，何であるかを推測してもらっ

図表10－6　機会 対 戦略

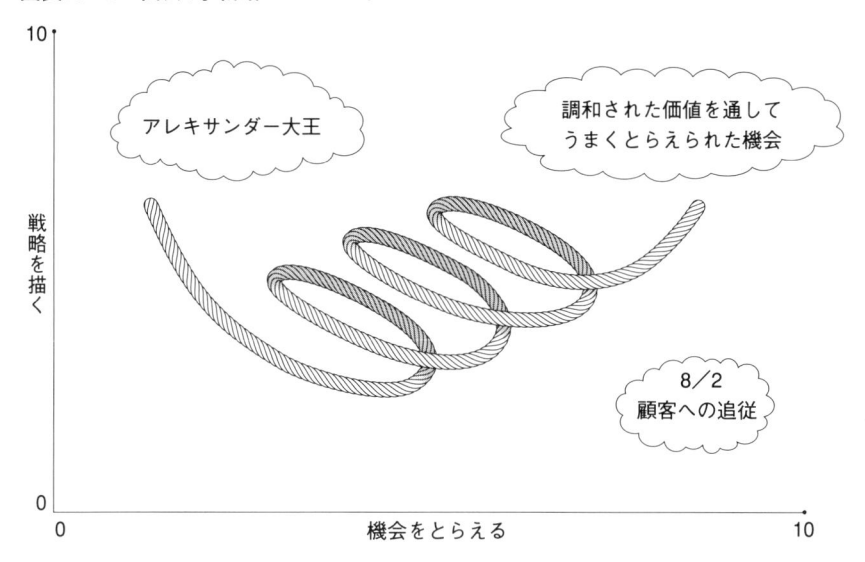

```
戦略を描く
10

        アレキサンダー大王          調和された価値を通して
                                  うまくとらえられた機会

                                              8／2
                                          顧客への追従

0
 0              機会をとらえる              10
```

た。我々の株価はその後すぐに上昇した。アナリストたちは非常に印象づけられた。我々は大飛躍を経験し，株主に貢献した。」

　これらのインタビュー対象者は，図表10－6に示されているように，企業は決められた戦略から，投機的な決断へと傾斜してきていることを我々に語ってくれている。

　戦略に対して責任のある，ある回答者は特に雄弁であった。

「戦略を持つポイントは，資源配分のためのフレームワークを持つことである。しかし我々の販売は顧客志向が強く，必ずしも戦略的ではない。分権化されたビジネスユニットの起業家的な行動に対しては両手を挙げて賛成である。しかしこれらのビジネスユニットの人々は一貫した戦略的な実施にあたっては調和能力を持ち合わせており，その結果，彼らの機会追求は方法論的にも行われるし，同時に自らの意志で任意に実施される。」

彼は戦略と機会の間の問題は決して消え去らないと指摘し続けた。

「私に関する限り，戦略と機会との間に絶え間ないジレンマが発生する。もしこのジレンマが我々の戦略内に存在しないのであれば，なぜそうなのか。多分それは，結局は良い機会ではないのだろう。それとも，我々の戦略内に良い機会として位置づけるべきであろうか。このようなジレンマはごく普通のものである。戦略は我々を機会の方へ導いてくれるものであり，我々をふるいにかけるものではない。戦略的な意味合いは我々の一貫したパターンの成功から生まれるべきと思う。」

フェーズ3：学習ループの移転と統合

　ジレンマ理論のような，新しい論理に関する問題は，教室や部門，セクション，チームなどのような小さな慣れ親しんだ場所の中でのみ機能する。それが企業の伝統的な思考方法などに直面すると，コミュニケーションを図れなかったり，無視されたり，最終的には死滅してしまうのである。

　測定されるものは報いられ，そして報いられるものは実施されるという格言がある。そこでジレンマの解決は，人事部門や最終的には企業全体が再構築される方法で強化される必要がある。

　現在または過去の自らの行動は無視できないし，それゆえにまず，リーダー開発，多様性プログラム，評価と昇格プロセスに関連した既存の各種ツール，手段，プロセスと行動などの棚卸をするべきである。次に，調和論理をサポートして強化させて，組織のあらゆる部分でそれが活用されて維持されるようにするために，これらの内部の一貫性を保つような行動をとるであろう。

　最も先端を行く顧客の中では，調和が戦略の中核に組み込まれる。そのことは極めて挑戦的で，興味深いことである。調和のそのようなビジョンは「間違って」はいないが，まだ不十分である。そしてしばしば多くの人々は，まだそのことが何を意味しているかに関してわずかな知識しか持っていないのである。

・サブ・グループのメンバーからのコメントやインプットを統合し，順序正しく整理する
・実施できた改善をモニタリングし，報告する

最後のジレンマ

　著者グループは，ワークショップを通して多くのジレンマを確認し，本書においては，その重要なジレンマを引用してきた。さらに調和する組織とそれがどのように開発できるのかという方法論を提示してきた。では，ジレンマを追求し，それを明らかにし，調和させる究極の責任は誰にあるのか。ジレンマが組織の見解からのものなのか，個人の見解からのものなのかを考慮すべきなのであろうか。もし，読者が著者グループの本書の方向づけに従ってみると，既述の文章が「あるいは」という言葉を含んでいることにお気づきであろう。そして，それがもちろん「ジレンマ」そのものであることも理解できるであろう。

　言い換えれば，今日の仕事の世界の中で，我々はどのようにして組織のジレンマと個人のジレンマを調和することが可能なのであろうか。

　著者グループはこれを読者に対する課題として残しておきたい。

〈訳注〉
1) Mardi Gras（マーディ・グラ）：マーディ・グラとはブラジルのリオ，フランスのニースとならぶ世界三大カーニバルの1つであり，全米最大のカーニバル。開催地はニューオーリンズ。多様な人種・文化が音楽を共通言語としてお互いにアイデンティティーを失うことなく絶妙なバランスで共存共栄する街。
2) Sorites（連鎖推論）　Sorites Paradox：エウブリデス（Eubulides）（メガラ派の論理学者）によるもので，soritesは山を意味するギリシャ語に由来する。1粒の砂は，砂山にはならない。砂粒の集まりに1粒の砂粒を加えても砂山にはならない。したがって，どれだけ砂粒を集めても，砂山にはならない，というパラドクス。
3) バベルの塔：創世記11，ノアの洪水の後，人間は皆同じ言葉を話し，新しい技術を手に入れた。技術の進歩は人間を傲慢にし，天まで届く塔のある町を建て，有名になろうとした。神は人間の高慢な企てを知り，心配し，怒った。そして人間の言葉を混乱（バラル）させた。世界中に多様な言語が存在するのは，バベル（混乱）の塔を建てようとした人間の傲慢を神が裁いた結果である。

参考文献

Ackoff, R.L. (1978) *On Purposeful Systems*, Wiley.
Altman E.L. (1968) "Financial ratio: the predictions of corporate failure," *Journal of Finance*, Semptember, pp. 589 et seq..
Bagwell, L.S. and Bernheim, B.D. (1996) "Veblen effects in conspicuous consumption," *American Economic Review*, June, pp. 349-373.
Belbin, R.M. (1996), *Management Teams: Why They Succeed or Fail*, Butterworth-Heinemann.
Bennis, W. (1999) *The Leadership Advantage*, The Leader to Leader Institute (formerly The Drucker Foundation, New York).
Bennis, W. and Nanus, B. (1985) "From transactional to transformational leadership," *Organization Dynamics*, Winter, pp.19-31.
Blake, R. and Mouton, J. (1964) *The Management Grid*, Gulf Publishing.
Broom, N. (2003) *DBA thesis*, APU University, UK (in preparation).
Cameron, K. and Quinn, R. (1999) *Diagnosing and Changing Organizational Culture*, Addison-Wesley.
Chambers, R. J. (1976) "The possibility of a normative accounting standard," *Accounting Review*, July.
Cottle, T. (1967) "The circle test; an investigation of perception of temporal relatedness and dominance" ,Journal of Projective *Technique and Personality Assessment*, no.31, pp. 58-71.
Darke, P., Chattopadhyay, A. and Ashworth, L. (2002) "Going with your gut," *Working paper*, INSEAD.
Deal, T. and Kennedy, A. (1982) *Corporate Cultures: The Rights and Rituals of Corporate Life*, Addison-Wesley.
Deming, W. E. (2000) *Out of the Crisis*, MIT Press.
Demski, J.S. (1976) "General impossibility of normative accounting," *Accounting Review*, pp. 653-656.
Durkeim, E., discussed in Pickering, W. (1999) *Durkheim and Representations*, Routledge.
Etzioni, A. (1998) *The Essential Communitarian Reader*, Towman & Littlefield.
Fielder, F. (1967) *A Theory of Leadership Effectiveness*, McGraw-Hill.
Goodstein, R. and Burke, S. (1991) cited in French, W., Bell, C. and Zawacki, R. (1994) *Organization Development and Transformation: Managing Effective Change*, 4th edn, Irwin.
Greenleaf, R. K. (1996) *On Becoming a Servant-Leader*, Ossey-Bass.
Hall, E. and Hall, M. (1990) *Understanding Cultural Differences*, International Press.
Hamden-Turner, C. and Trompenaars, F.(1993) *Seven Cultures of Capitalism, Piatkus*.
Hampden-Turner, C. and Trompenaars, F. (2000) *Building Cross-Cultural Competence*, Wiley.
Handy, C. (1978) *The Gods of Management*, Souvenir Press.
Harrison, P. (1972) "Understanding your organization's character," *Harvard Business Review*, May-June.
Hord, S. (1999) *Facilitative Leadership*, Southwest Educational Development Laboratory, Austin TX.
House, R. (1971) "A path-goal theory of leader effectiveness," *Administrative Science Quarterly*, vol. 16, pp. 321-339.

Jung, C. G. (1971) *Psychological Types*, Routledge & Kegan Paul.
Kaplan, R.S. with Norton, D.P. (1991) *Relevance Lost; The Rise and Fall of Management Accounting*, Harvard Business School Press.
Kohler, H. (2000) "The perils of globalization", *The Banker*, vol. 150, 8893, p. 16.
KPMG Corporate Finance Survey (1999) KPMG Corporate Finance, July: www. KPMG. Com.
Lawrence, P. and Lorsch, J. (1986) *Organization and Environment*, Harvard Business School Press.
Laurent, A. (1983) "The cultural diversity of western conceptions of management," *International Studies of Management and Organization*, X111 (1-2), Spring-Summer, pp. 75-96.
Lewin, K. (1946) "Frontiers in Group Dynamics" [republished in Schultz, D. P. and Schultz, S.E. (2000), *A History of Modern Psychology: Gestalt Psychology*, 7th edn, pp. 368-370, Harcourt Brace College Publishers].
Mark, M. and Pearson, C. S. (2001) *The Hero and the Outlaw : Building Extraordinary Brands through the Power of Archetypes*, McGraw-Hill.
May, R. G., Mueller, G. G. and Williams, T. H. (1976) *A New Introduction to Financial Accounting*, Prentice Hall.
de Mooij, M. (1997) *Global Marketing and Advertising*, Sage.
Pettigrew, A. M. (1985) *The Awakening Giant*, Blackwell.
Pugh, D. S. and Hickson, D. J. (1976) *Organizational Structure in the Context: The Aston Programme One*, Lexington Books.
Rapaille, G. C. (2001) *Seven Secrets of Marketing in a Multi-Cultural World*, Executive Excellence Publishing.
Ries, A. and Trout, J. (1989) *Bottom-Up Marketing*, Plume.
Roselender, R. (1995) "Accounting for strategic positioning," *British Journal of Management*, vol.6. pp. 45-47.
Rosinski, P. (2003) *Coaching Across Cultures: New Tool for Leveraging National, Corporate and Professional Differences*, Nicholas Brealey.
Rotter, J. B.(1966) "Generalised expectations for internal versus external control of reinforcement," *Psychological Monograph*, 609. pp..1-28.
Sapir, E. (1929) "The status of linguistics as a science," *Language*, 5, pp. 207-214.
Schein, E. H. (1996) "Culture: the missing concept in organization studies," *Administrative Science Quarterly*, pp. 229-240.
Schein, E. H. (1997) *Organizational Culture and Leadership*, Jossey Bass.
Schutz, A. (1972) *Alfred Schutz on Phenomenology and Social Relations*, Ed. Wagner, H. R, University of Chicago Press.
Silvester, J., Anderson, N. and Patterson, F. (1999) "Organizational culture change: an inter-group attributional analysis," *Journal of Occupational and Organizational Psychology*, March.
Smeaton-Webb, H. (2003) *DBA thesis*, APU University, UK, in preparation.
Solomons, D. (1986) *Making Accounting Policy: The Quest for Credibility*, Oxford University Press.
Southwest Educational Development Lab (1992) "Facilitative leadership: the imperative for change," www. sedl.org/change/facilitate/approaches. Html.
Stouffer, S. A. and Toby, J. (1951) "Role conflict and personality." *American Journal of*

Sociology, LUI-5, pp. 395-406.
Tannenbaum,, R. and Schmidt. W. (1973) "How to choose a leadership pattern," *Harvard Business Review*, May-June, pp. 162-175.
Trice, H. and Beyer, J. (1984) "Studying organizational cultures through rites and ceremonies," *Academy of Management Review*, 9(4), pp. 653-669.
Taylor, F. W. (1998) *The Principles of Scientific Management*, Engineering & Management Press.
Trompenaars, F. (2003), *Did the Pedestrian Die?*, Capstone.
Trompenaars, F. and Hampden-Turner, C. (1997) *Riding Waves of Culture*, 2nd rev. edn, McGraw-Hill.
Trompenaars, F. and Hampden-Turner, C.(2001) *21 Leaders for the 21st Century*, Capstone.
Trompenaars, F. and Woolliams, P. (2001) *When Two Worlds Collide*, in *The Financial Times Handbook of Management*, 2nd edn, FT Publishing.
Trompenaars, F. and Woolliams, P. (2002) " Just typical : avoiding stereotypes in personality testing," *People Management*, December, pp. 3-35.
Usunier, C. (1996) *Marketing Across Cultures*, 2nd edn, Prentice Hall.
Vink, N. (1996) "The challenge of institutional change," *Ph.D. thesis*, Royal Tropical Institute, Amsterdam.
Vroom, V. and Yeton, P. (1973) *Leadership and Decision Making*, University of Pittsburgh Press.
Weber, M.: see Kalberg, S. (2001) "The 'spirit of capitalism revisited: on the new translation of Weber's Protestant Ethic (1920), " *Max Weber Studies*, 2(1), 41-58.
Wilson, T. (2001) "Rewards that work: mastering people management." *Financial Times*, Nov.5.
Woolliams, P. and Dickerson, D. (2001) *Werbung and Verkauf*, European Technical Literature Publishing House GmbH.
Woolliams. P. and Trompenaars, F. (1998) *The Measurement of Meaning*, Early-Brave Publications.

参考文献　（監訳者）
Kaplan, Robert S. and David P. Norton (1991) *Relevance Lost*, Harvard Business Review.
　［吉川武男訳（1998）『バランス・スコアーカード』生産性出版］
Kaplan, Robert S. and David P. Norton (2004) "Measuring the strategic readiness of intangible assets", *Harvard Business Review*, pp. 52-63.
Porter, Michael (1998) *On Competition*, Harvard Business School Press.
　［竹内弘高訳（1999）『競争戦略論Ⅰ』『競争戦略論Ⅱ』ダイヤモンド社］
Schein, E. H. (1985) *Organizational Culture and Leadership*, Jossey Bass.
　［清水紀彦・浜田幸雄訳（1989）『組織文化とリーダーシップ－リーダーは文化をどう変革するか』ダイヤモンド社］
Trompenaars, F. and Hampden-Turner, C. (1997) *Riding Waves of Culture*, 2nd rev. edn, McGraw-Hill.
　［須貝栄訳（2001）『異文化の波―グローバル社会・多様性の理解』白桃書房］
Weber, M.: see Kalberg, S. (2001) "The 'spirit of capitalism revisited: on the new translation of Weber's Protestant Ethic (1920), " *Max Weber Studies*, 2(1), 41-58.
　［大塚久雄訳（1989）『プロテスタントの倫理と資本主義の精神』岩波文庫］

Index

【アルファベット】

AATM社	188
BMW社のオートバイ	82
HAIRLシステム	238
IBM社	22
IMF（国際通貨基金）	254
JTI（ユングタイプ指標）	218
M&A（吸収・合併）	91-93
NTT社	181-182
THT Group Cue（グループウェア）	293
WebCue™	285, 291-292

【ア行】

アクティビティーベース原価管理（ABCM）	257-259
アコフ，ラッセル	14, 15
アストングループ	10
アスプロ（頭痛薬）	194
アプライドマテリアルズ社	36
アマデウス社	221
アメリカン航空	59
アメリカン・エキスプレス（アメックス）社	191
アリストテレス	15
イーストマンコダック社	50
異文化関係マーケティング	211
異文化間リーダーシッププロフィル測定尺度（ILAP）	38, 230, 232, 292
ウェーバー，マックス	8, 215
エア・リンガス航空	171-172
エイ・エム・ディー（AMD）社	48, 49, 106, 107
英国航空	59
エーティー・アンド・ティー（AT&T）社	181-182
エッフェル塔型文化	106-108, 219, 223
からの変容	106-108
家族型	108
孵化型	108
誘導ミサイル型	107
組織文化変容のシナリオ	147-149, 153-155
大胆なゴール（BHAG）	102, 118

【カ行】

カールソン，ヤン	170

カオス理論		15
科学的管理		8, 9, 217
家族型文化		96, 143-144, 219
	からの変容	113
		エッフェル塔型 114
		孵化型 114, 128, 130-131
		誘導ミサイル型 114
	変容のシナリオ	150-153
価値観		
	感情中立主義-感情表出主義	24, 45-51
		感情的アメリカ人/気難しいドイツ人 48-49
		仕事の役割による 47-48
		原因分析の質問 46-47
		調和する 48, 50
		日本人とジェットコースター 49-50
	関与特定主義-関与融合主義	24
		公的/私的な空間 54-56
		実際に 73
		調和する 60
		定義づけ 53
		年齢別カテゴリー 58-59
		例 52
	検定	29-30
	コアー・バリュー	117, 125
	国際マネジメント	31
	個人主義-共同体主義	24, 40-45
		宗教別 41-45
		チームの共同の発展度合い 43
	実績主義-属性主義	24, 61-67
		階級層に応じた 64
		調和する 65-67
	普遍主義-個別主義	24
		グローバル化 34
		定義づけ 26
		分析 29
		変数間 29-30
	文化の	18-21
		ベストプラクティスから学ぶ 35
「合併」は「M&A」参照		
カプラン，ロバート		237
カムドシュ，ミシェル		254
カワサキのオートバイ		82

CEP指標（現在予測できる潜在力の指標）		238-239
規範/価値観		19-21
文化的差異		2-7, 24-26
尊重する		21-22
調和する		22-24
認知する		18-21
文化の分析方法		93
文化		
文脈を有する環境		13-16
目で見て理解できる行動		18
目に見えない		20
要約		21
ヘイ・システム		219
ベストプラクティス		302
ベニス，ウォーレン		137
変化		
位置づける		155
一般化されたフレームワーク		144
仮説		136
失敗		137
シナリオ		144
エッフェル塔型から孵化型へとその逆流		153
エッフェル塔型から誘導ミサイル型へとその逆流		147-149
家族型からエッフェル塔型へとその逆流		151-152
家族型から孵化型へとその逆流		150-151
家族型から誘導ミサイル型へとその逆流		152-153
孵化型から誘導ミサイル型へとその逆流		145
誘導ミサイル型からエッフェル塔型へとその逆流		149-150
誘導ミサイル型から孵化型へとその逆流		146
静的なビジネスに変化を求める無益さ		140
と継続		141
プロセス		138
文化の原型間の		143
変化の方法論，理由，目的		139
明確化して分類する		135
報酬制度		
組み合わせ		241
ジレンマ		241
選択		244
統合されるスコアカード		237
バランス・スコアカード		237
評価品質		238-240

類型	241

　　「人事」も参照
ホーソン工場の実験　　　　　　　　　　　　　　　　　9
ホール，エドワード　　　　　　　　　　　　　　　　76

【マ行】

マーク，マーガレット　　　　　　　　　　　182, 183, 193
マーケティング　　　　　　　　　　　　　　　　　　74
　　　基本的な間違い　　　　　　　　　　　　　　162
　　　ジレンマ
　　　　　意味の違いから発生する　　　　　　177-179
　　　　　エミックとエティック　　　　　　　197-200
　　　　　感情中立傾向と感情表出傾向との間　174-175
　　　　　関与特定型と関与融合型の間　　　　170-174
　　　　　グローバル対応とローカル対応　　　　　164
　　　　　個人主義と共同体主義の間　　　　　167-170
　　　　　実績主義と属性主義の間　　　　　　　　176
　　　　　内的コントロールと外的コントロールの間　176-177
　　　　　普遍主義と個別主義の間　　　　　　164-167
　　　全体的等価性に対する機能的等価性　　　195-197
　　　定義　　　　　　　　　　　　　　　　　　　161
　　　認知，尊重，調和　　　　　　　　　　　　　163
　　　ブランド，製品，サービス　　　　　　　　　180
　　　マーケット・リサーチ　　　　　　　　　　　195
　　「宣伝と販促」も参照
マイクロソフト社のウィンドウズ　　　　　　　　　168
マイヤー・ブリッグズ・タイプ指標（MBTI）　218, 224-227, 229-230
マクドナルド　　　　　　　　　　　　　　164, 183, 219
マッケンジー社　　　　　　　　　　　　　　　　　219
マルボロ社　　　　　　　　　　　　　　　　　　　169
メイヨー，エルトン　　　　　　　　　　　　　　　　9
メリルリンチ社　　　　　　　　　　　　　　　　　　60
モーガン，ジム　　　　　　　　　　　　　　　　　　36
目標を追求する／目標を設定する　　　　　　　　　14
モトローラ社　　　　　　　　　　　　　　　　　　　66

【ヤ行】

誘導ミサイル型文化　　　　　　　96, 99, 103, 104, 143, 219, 222
　　　組織文化変容のシナリオ　　　　　　145-150, 152-153
　　　誘導ミサイル型からの変容　　　　　　　109-110
　　　　　エッフェル塔型　　　　　　　　　　　　110
　　　　　家族型　　　　　　　　　　110, 115-118, 119-122

		孵化型	110, 122-127
ユーロ・ディズニーランド			31
ユニリーバ社			180-181, 201
ユング，カール			225

【ラ行】

ライズ，アル			178-179
ラパイユ，クロテール			178, 181, 182
リーダーシップ（リーダー）			91, 101, 116, 133
	ジレンマ		
		意義のある	273-274
		価値観	274-276
		企業のアイデンティティー，文化，変革	280-282
		グローバル化する組織の	268-272
		グローバル化に関連する	278-279
		職務分野	276-278
		多様性から	279-280
		直面する	265-272
		人と人事管理	282
	信頼不足		93
	戦略と問題の調査分析		289-292
	文化的なコンテクスト		264
	奉仕型リーダー		66-67
	物事の考え方の変革		283-284
	有能な		40
	理論		
		新しい理論	265-266
		行動理論	263
		状況理論	264
		統合理論	266-268
		特性理論	263
レヴィン，クルト			53, 54, 55, 140, 285
レスリスバーガー，ディック			9
ローシュ，ジェイ			10
ローマクラブ			10
ローレンス，ポール			10
ロレアル社			174
ロレックス社（ロレックスオイスター）			176

巻末情報　トロンペナールス・ハムデン・ターナーグループ（ビジネスに対する文化対応）

　トロンペナールス・ハムデン・ターナーグループ（以降THTグループ）は，ビジネスリーダーやプロフェッショナルが自らのビジネス上や文化面のジレンマを解決するのに役立つ研修，コーチング，その他のコンサルティングサービスを提供する組織である。顧客層はフォーチュン500に乗るグローバル企業である。本部はオランダのアムステルダムに位置しており，アメリカ合衆国のボストンに支部を置いている。加えて世界中に提携関係にあるコンサルタントのネットワークが敷かれている。
　THTグループは以下の異文化間のコンサルティングサービスに焦点を当てている。
　・M&Aの統合
　・グローバル化
　・企業のビジョンと価値観
　THTグループの特徴として，より論旨が一貫したサービスを提供するためにその内容を調整する可能性はあるものの，顧客自身の言語や論述をそのまま使うことを誇りとしている。その内容は，多様性，コミュニケーション，学習，研修，チームワーク，文化，コーチング，知識マネジメント，リーダーシップ開発，高潔性とバランス・スコアーカードなどと多岐にわたる。これらは我々にとって見れば一つのシステムの全てのパーツなのである。さらにここで人間と組織開発におけるパラドックス的な論理を紹介する目的が存在する。我々は最小の関与で最大の結果を生み出すことを目的としている。

THTグループの提供できるサービス内容
　THTグループは文化のビジネス上のあらゆる密接な関わりを取り扱っている。それらはある組織のグローバル化のプロセスの一部であり，成長であり，統合戦略であり，企業のアイデンティティーと企業としてのメッセージ発信であったり，国際ベースのチェンジマネジメントであったり，異文化間のコンピテンシーを構築する方法論を世界中に披露するためのものである。さらにTHTグループは各組織に対して高度にカスタマイズした統合アプローチで対処している。

ビジネスマネジメントにおける文化面のコンサルティングサービス
　・異文化上の相当な注意（思慮分別がある個人が払う程度の注意）を払う
　・企業のアイデンティティーを確立するためのビジョンや価値観を構築する
　・障害となる文化上の新たなる課題やジレンマを表出する
　・文化の多様性におけるビジネスの価値観を最大限にするために，文化上の違いを組織的に調和する
　・文化の異なった人びとを，生産的に，積極的な方法で結びつけるために，お互いの尊敬と信頼のビジネス環境を作り上げるのを手助けする

グローバルリーダーシップ開発
・異文化の問題に対して真っ先に認知して尊敬を表す意識を持たせる
・ビジネス上の異文化対応能力を開発して，競争優位をもたらす
・リーダーたちが重要なビジネス上の異文化のジレンマを解決するのを手助けする
・異文化の多様性に対する認識や尊敬を確実なものにする
・グローバルな多様性を最大限活用する

エグゼクティブ・コーチング
・異文化のエグゼクティブ・コーチングは，リーダーやマネジャーがより広い視野，文化上の感受性，企業のゴールを達成するための生産的で革新的な方法で，多様性を取り込む能力などを身につけるのに役立つのである
・異文化のエグゼクティブ・コーチングは，個人やチームが自らの強みや挑戦を評価測定するのに役立つ。それは行動や知覚を積極的に変化させることに役立つ。さらに組織内において，多様性や全体としてのまとまりを犠牲にすることなしに，個人の組み込みが可能になるのである

従業員教育と（非）育成
・ビジネス上の文化対応コンピテンシーが，如何に企業の末端を改善するのに役立つかの認識を高める
・異文化や多様性の問題について認識と尊敬を築き上げる
・「非学習」の異文化に対してネガティブな態度やステレオタイピングに対してサポートを提供する
・多様性を価値のあるものとして取り組む能力を身につける

アムステルダムの事務所
A.J. Ernststraat 595D
1082 LD Amsterdam,
The Netherlands
Tel +31 20 301 6666　　Fax +31 20 301 6555
Website: www.thtconsulting.com

アメリカ合衆国の事務所
14 Arrow Street, Suite 10
Cambridge, MA 02138-5106
USA
Tel +1 617 876 5025　　Fax +1 617 876 5026

日本の事務所　　（IGBネットワーク株式会社・グローバル組織人材開発研究所）
東京都渋谷区西原3-37-6　　(3-37-6 Nishihara Sibuya-ku, Tokyo)
TEL 03-5790-3280　　FAX 03-5790-3281
E-mail：clientsupport@igbnetwork.com
Website: http://www.igbnetwork.com
（ビジネスドメイン：組織人事制度研究開発，アセスメント研究開発，グローバルコンピテンシー研究開発，異文化対応能力研究開発，研修サービス，コーチング）

【著者紹介】

Dr. Fons Trompanaars（フォンス・トロンペナールス博士）

　異文化間マネジメントの革新的で先端的な研究機関であるTrompenaars Hampden-Turner（THT）グループの経営を実践する傍ら、異文化間マネジメントの世界的な権威者の一人である。またその分野における各種出版の著者、及び共著者であり、代表的な著作に『Riding Waves of Cultures（異文化の波）』、『Did the Pedestrian Die?』、『21 Learders for the 21st Century』など多数。アムステルダムのFree Universityで経済学を専攻、その後米国のUniversity of Pennsylvania, Wharton SchoolでPh.D.を取得。ビジネス経験としては1981年にオランダのRoyal Dutch Shell Groupに入社して、人事部門で各種の業務に携わる。その後同社のマネジメント研究所を経て、1989年にCentre for International Business Studiesの社長に就任して、異文化マネジメントのアカデミックな研究活動とビジネスマネジメントの講演等を世界のグローバル企業で実施している。現在のTHT Groupの呼称は1998年から使用している。

Dr.Peter Woolliams（ピーター・ウーリアムズ博士）

　イギリスのEast London Business Schoolの教授などを歴任後、現在はAnglia Business Schoolの国際ビジネスの教授で、Trompenaars Hampden-Turnerのパートナーの一人である。THT Groupとのかかわりは15年間に及び、Culture for Business Seriesの共著者でもある。またブリュッセルにあるManagement Centre EuropeのFaculty Memberでもある。長年にわたって大学における国際ビジネスの研究活動に従事する傍ら、多くのグローバル企業でマネジメントコンサルタントとして活躍している。最近ではビジネスとマネジメントの各種のモデルの異文化や世界のマーケットへの展開に焦点を当てた研究を実施している。

フォンス・トロンペナールス博士(左)と
ピーター・ウーリアムズ博士(右)